近代日本の国家主義エリート

綾川武治の思想と行動

木下宏一

論創社

綾川武治（44歳頃）
『埼玉評論』第4巻3号
（1936年3月）より

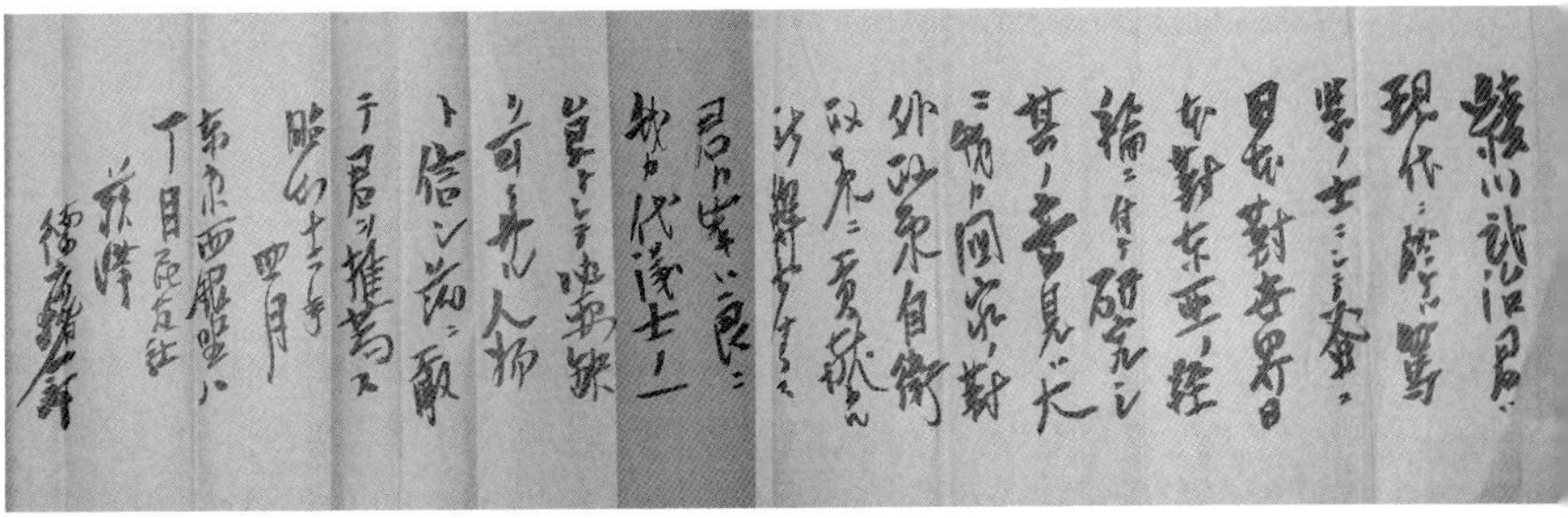

徳富蘇峰推薦状

第二十回衆議院議員総選挙（1937 年 4 月 30 日）に立候補した際のもの（埼玉県立文書館所蔵）

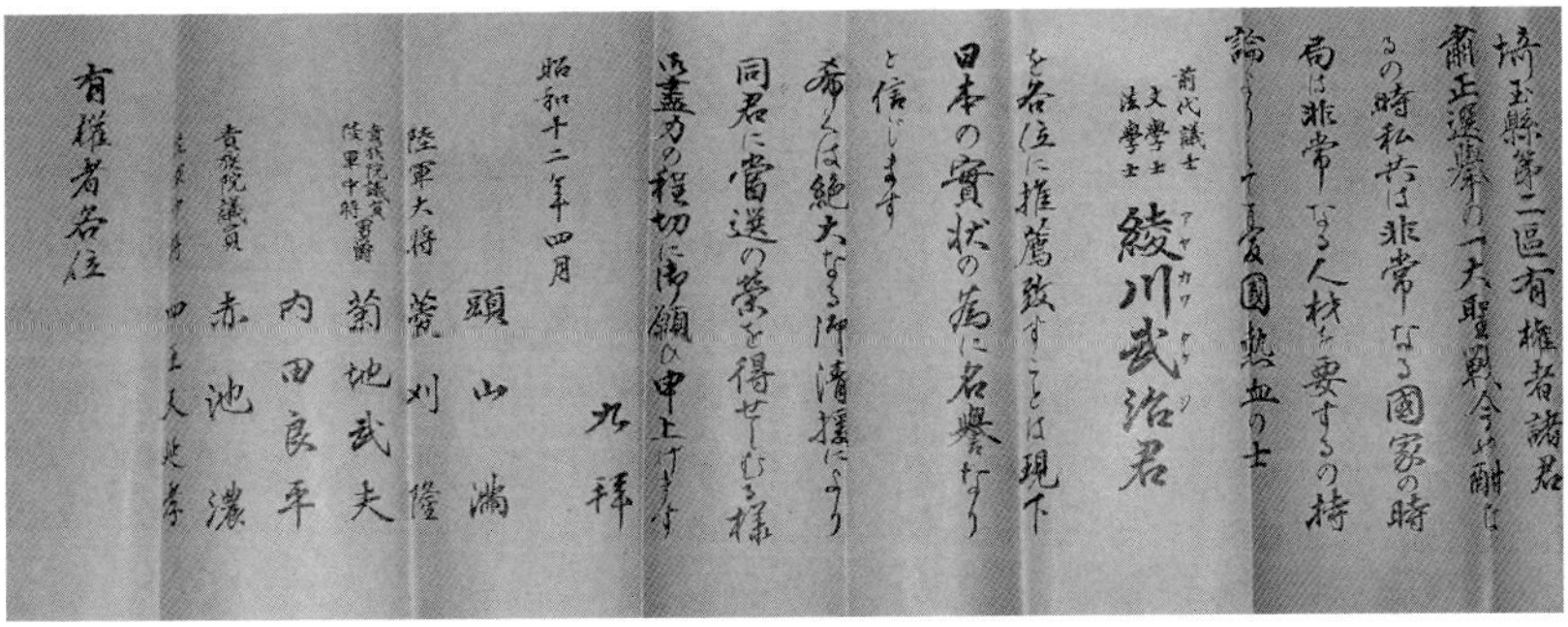

埼玉縣第二區有權者諸君
肅正選擧の一大聖戰今や酣なるの時私共は非常なる國家の時局は非常なる人材を要するの持論として憂國熱血の士
前代議士 文學士 法學士 綾川《アヤカワ》武治《タケジ》君
を各位に推薦致すことは現下日本の實状の爲に名譽なりと信じます
希くは絶大なる御清援により同君に當選の榮を得せしむる樣御盡力の程切に御願ひ申上げます
九拜
昭和十二年四月
頭山滿
陸軍大將 菱刈隆
貴族院議員 陸軍中將男爵 菊池武夫
内田良平
貴族院議員 赤池濃
陸軍中將 四王天延孝
有權者各位

頭山満等著名人の連名推薦状

同上総選挙時のもの（埼玉県立文書館所蔵）

綾川武治が最も恩顧を受けた人物

平沼騏一郎（左）／『平沼内閣』（平沼内閣編纂所、1939年11月）より

菱刈隆（右）／『三州名士録大鑑』上巻（三州名士録刊行会、1930年8月）より

大東文化協会主催 R.M. プラタプ、R.B. ボース招待会

（1925年6月8日、於華族会館）

後列左より二人目綾川武治、四人おいて満川亀太郎／中列左より中谷武世、大川周明、

三人おいて安岡正篤／前列左より五人目からボース、プラタプ、伯爵大木遠吉

『創立沿革』（大東文化協会・大東文化学院創立十周年記念会、1932年10月）より

はじめに

なぜ、大日本帝国はアメリカ合衆国（および大英帝国その他）と戦争したのか、否、しなければならなかったのか。これこそは、日本近代史における最大かつ永遠の研究テーマである。

史家秦郁彦は、戦後六十数年間に蓄積された膨大な研究成果をふまえて、次のように述べている。けだし、卓見といえよう。

最近になって史家の間では日米が戦わねばならぬ必然性があったのか、と疑問を呈する人がふえてきた。もっともな疑問で、筆者も内外のプロとアマが寄ってたかって三十年近くも太平洋戦略の空想ゲームに熱中しているうち、本物の戦争にしてしまったのではないかと疑っている。(1)

本書の主人公である国家主義者・綾川武治《あやかわたけじ》（一八九一―一九六六）は、戦前日本の、そうした戦略プランナーたちのなかでも、とりわけ影響力を発揮し得る社会的立場――シンクタンク職員、大学講師、新聞社幹部、衆議院議員、等々――にあった一人である。

綾川は、東京帝国大学を二度卒業（文学士・法学士）という当時としては稀有な学歴エリートであり、時に学者として、時にジャーナリストとして、膨大な量の著書・学術論文・時事評論をものし(2)、一九二〇年代から四〇年代前半にかけて――「周囲の水をにごらせ、半透明にし、結局は汚染するにいたる液体を放出す」る「ある種の深海イカ（Cuttlefish）」(3)のように――右派的な言説を絶えず社会に発信し、帝国日本の国家ベクトルを論理的に正当化するという思想活動を営み続けた。それ故にまた、戦後は、弁解の余地なく、自由主義の学界・左派主流の論壇から無視に等しい扱いを受けるに至った。じっさい今日まで、その存在は、戦前の国家主義運動に関する叙述のなかで、時折わずかに言及される程度であった(4)。

本書は、かくの如き綾川武治を、近代日本政治思想史（国家主義運動史、インテリジェンス史）上に定位する、その基礎作業として、彼の思想と行動の概要を、現存する史料・資料に基づき、出来得る限り正確に解明・検証していかんとするものである。

かつて、橋川文三は、「昭和の超国家主義者はいずれもそれぞれの戦争哲学を抱懐していた」とした上で、「その点においても、猶存社《ゆうぞんしゃ》の北一輝《きたいっき》（輝次郎《てるじろう》、一八八三－一九三七）、大川《おおかわ》周明《しゅうめい》（一八八六－一九五七）の二人は、やはりきわだって先駆者であったし、またその理念においても、ある透徹した展望を早期に作り出していた。大ざっぱにいって彼らに匹敵するような戦争哲学〈＝神学〉を抱いていた人物は、他には『世界最終戦論』の石原莞爾《いしわらかんじ》（一八八九－一九四九）くらいしかいなかったと思われる」と論定したが[5]、筆者は、そこに橋川の名も加えるべき[6]と考えている。

【註】

（1）秦郁彦「日米対立の史的構図」、『政経研究』第四七巻四号（二〇一一年三月）一二九頁。

（2）本書〔巻末資料・1〕参照。

（3）Richard Storry, *The Double Patriots : A Study of Japanese Nationalism* (London : Chatto & Windus, 1957), p.299.：『超国家主義の心理と行動　昭和帝国のナショナリズム』（内山秀夫訳、日本経済評論社、二〇〇三年六月）三六〇頁。

（4）有馬学『日本の近代 四／「国際化」の中の帝国日本』（中央公論新社、一九九九年五月）二〇四、二〇五頁。

（5）橋川「解説」、『近代日本思想体系 二一／大川周明集』（筑摩書房、一九七五年五月）四四〇頁、（）内引用者。

（6）本書第三章参照。

目次

〔凡例〕

一、引用文は、原則として、旧仮名遣いは現代仮名遣いに、旧漢字は常用漢字に改めた。

一、〔巻末資料・3〕は、資料性を考慮して仮名遣いはそのままとし、旧漢字のみ常用漢字に改めた。

一、歴史上の公的人物（public figure）には、初出時に生没年の情報を付した。

一、引用文中、人名・地名には適宜ルビを付し、明らかな誤記と思われるものには〔ママ〕を付した。

一、註は章ごとに独立して示し、各註内での引用文献の表記は、二度目以降から前掲〜として、副題、出版社名、出版年月を省略した。

近代日本の国家主義エリート

―綾川武治の思想と行動―

第一章　修学・形成期

――出生～一九一〇年代――

一　『田舎教師』の世界に生まれて

綾川武治(1)は、一八九一（明治二四）年四月二三日、埼玉県幡羅《はら》郡長井村字善ヶ島に、父綾川幸太郎、母せんの長子として生まれた。他に兄弟姉妹はなく、当時の日本の一般家庭には珍しい一人っ子であった(2)。

長井村(3)は、埼玉県の最北部に位置し、坂東太郎（利根川）を境に群馬県邑楽《おうら》郡と接しており、武治の幼少期には、毎年のように水害――政府による本格的な利根川改修工事の着工は

田舎教師の像
弥勒高等小学校跡（埼玉県羽生市弥勒）

一九〇〇（明治三三）年から――に見舞われ、「秋作は五年に一度収穫があればいい方」(4)というほど、疲弊していたという。

近辺には、南に、地方一帯の基幹町となる熊谷が、東に、田山花袋《かたい》（録弥《ろくや》、一八七二―一九三〇）の小説『田舎教師』（一九〇九年一〇月初刊）の舞台となった行田（忍町）や弥勒《みろく》（羽生町）があった。「関東平野を環のように繞った山々の眺め……雪に光る日光の連山、羊の毛のように白く靡く浅間ヶ岳の烟、赤城は近く、榛名は遠く、足利附近の連山の複雑した襞には夕日が絵のように美しく光線を漲らした。……」(5)。花袋が克明に描写した北関東の美しい自然と、辺境の農村特有の保守的で森閑とした風土のなかで武治は成長し、出稼ぎのため不在がちな父に代わって家を支えた母と祖父母を手伝いながら、真言宗宝蔵院境内の江波学校（長井尋常小学校）、幡羅高等小学校を卒え、一九〇四（明治三七）年四月、熊谷中学校に入学する。時あたかも、対露宣戦布告より二ヶ月余、官民挙げて緒戦の熱気未だ冷めやらぬ晩春の候であった。

武治の上級学校進学は、小作農家（当時一般的）の綾川家にとって大きな負担であったが、向学心に燃え、幡羅高小では石坂養平[6]（一八八五—一九六九）以来の秀才児といわれた少年の能力を惜しんだ校長・教頭のはからいによって、長井村の豪農宮本某の家に寄宿し、そこから通学させてもらえることになったのである。

はからずも、花袋『田舎教師』の主人公林清三のモデルとなった小林秀三（一八八四—一九〇四）もまた、熊中の卒業生（第二期）であり、その彼が貧窮のため立身の道断たれ、小学校の代用教員となり、焦燥と諦念の果てに病没したのは、綾川武治が入学した年の九月二二日であった。後期明治青年の淡い志と挫折を一身に体現したかのような哀しき先輩のことは、当然聞き及んだであろうし、他人事とは思えなかったであろうが[7]、ともかく武治は、刻苦精励、ひたすら勉学にはげみ、級長または副級長に指名されるなど、期待通りの成績を収めてみせた。

だが、その間、生家の経済状況は刻々と悪化し、武治の修学を快く思わない村人たちは一家を嘲笑い、地主や親戚は、折にふれ、廃学して奉公等に出ることを勧告する有り様であったという。[8] しかるに、三年次の暮れ、滞りがちな借財返済に業を煮やした債権者連が、強制執行の手続きを開始するにおよび、やむなく武治は休学を決意し――「三年足らずの間、歯を食いしばって泣くまいと我慢し続けて来た私は、この時は、何かしらず、胸が込み上げて来て校長の前で声をあげて泣き出したのである」[9]――、一九〇七（明治四〇）年三月、父の働く磐城炭鉱株式会社越賀《こしか》炭鉱（福島県石城郡内郷村）に赴いたのである。

同地において、武治は、文字通り必死になって炭坑労働に従事[10]し、高賃金を得るために夜業や危険な作業にも率先して加わったという。そうして一年余り後、極端な節倹により一定の貯蓄を得、また、校長から学資の補助をしてくれる篤志家が見つかったとの連絡もあって、武治は帰郷、どうにか無事に、中学四年に復学することが出来たのであった。

二　北辰斜めにさすところ

一九一〇（明治四三）年三月、綾川武治は熊谷中学校を卒業し、無試験検定――この年五月から施行された新制度で、中学校長の推薦を受けた「品行方正ニシテ体格強健」な成績優秀者（第三、四年次において上位四分の一以内、卒業試験が上位一〇分の一以内）が対象――で、鹿児島の第七高等学校造士館に合格、同年九月、第一部甲（英法科）に入学する。[11] 同期入学の第一部丙（独法科）には、後に日本共産党（一九二二年七月結成、二六年一二月再建）の領袖として、綾川から激しく攻撃される佐野学《まなぶ》（一八九二—一九五三）がいた。

南洲終焉の地、城山より望む七高
永吉實宏編『記念誌』（第七高等学校記念祝賀会、1926 年 10 月）より

当時全国に九校あった旧制高等学校（第一～八のナンバー・スクールと山口高等学校）のなかで、あえて最遠方の七高を志望した動機について、綾川は何も語っていないが、西郷南洲（隆盛、一八二八—一八七七）などあまた剛健の志士を輩出し維新の揺籃となった薩隅《さつぐう》の地に気質的な魅力を感じたことが、やはり大きかったのではないか。

入学までの五ヶ月間、綾川は東京で生活し、昼は、電灯会社、ガス会社、電話局、代々木の陸軍糧秣廠《りょうまつしょう》等で働き、夜は、国民英学会の夜間部に通った。

念願の白線帽と黒マントに収まった綾川だったが、入学一ヶ月後、またしても危機が訪れる。大学卒業まで学資の貸与を約束していた篤志家が、何らかの事情により、打ち切りを通知して来たのである。国元の親戚連からは、ここぞとばかりに、これを機会に一旦学業を打ち切って、『田舎教師』の清三よろしく小学教員にでもなったらどうかと、しきりに帰郷を勧めて来たというが[12]、幸いにもこの時は、一級上（農科）の友人で加納久宜《かのうひさよし》子爵（一八四八―一九一九）の三男久憲（一八八九―没年未詳）の紹介により、寄宿舎を出て村田豊作県立病院副院長（一八六一―一九三五）宅の住み込み家庭教師となり、二年次からは、校長の推薦により、七高入学準備のため来鹿した岡山県味野の富豪野崎家（製塩業）の子息丹斐《にい》太郎《たろう》（一八九二―一九七六）の学友・世話役に選定され、以降は同家の恩遇を受けて、おおむね順調に高等学校生活を送ることが出来たのである[13]。

旧制高校特有の教養主義的文化とエリート志向、加えて北極星を斜めに仰ぎ見る南国鹿児島の明るく闊達な風土は、元来生硬で余裕のなかった綾川の意識・情操にも変化を与えた。二年進級時、彼は、第一部の甲から乙（英文科）へと転科する。将来の就職面で有利な法科大学志望からそうでない文科大学志望へと、かなり思い切った行動に出たのである[14]。

おりしも、当時の青少年の思潮は、日露戦争終結（一九〇五年九月五日）以降の沈滞した空気と社会不安の余波を受け、天下国家の経綸《けいりん》よりも自我の充足を重んじる傾向が目立ち、新聞雑誌等には、世俗的な「成功青年」や利那的な「堕落青年」と対置して、内省的な「修養青年」、「煩悶青年」といった形容がしばしば登場した。[15]綾川入学の前年に七高を卒業した、歌人橋田東聲《はしだとうせい》（丑吾、一八八六―一九三〇）によれば、在校当時、「読売新聞に七高学生堕落せり云々の記事が出て、全校の学生がいきり立った」[16]こともあったという。いずれにせよ、綾川もまた、そうした状況と没交渉ではありえず、その志向も、無味乾燥な法体系から、複雑で矛盾に満ちた人間・社会の内実そのものに移っていったのであろう。文芸部と関わるようになったのもこの頃からで、『学友会雑誌』第二四号（一九一一年六月）に「北向の窓にて」というエッセイを発表している。

ところで、一九一一（明治四四）年一月、綾川の将来の方向性を予見するがごとき象徴的出来事があった。前年五月に発覚した大逆事件（幸徳事件）の結審である。訴追側の中心人物であった大審院次席検事・司法省民刑局長平沼騏一郎（一八六七―一九五二）は、論告のなかで「動機は信念なり」と述べ、具体的な犯罪事実以上に、被告人幸徳秋水（一八七一―一九一一）らの無政府主義・社会主義的な思想背景を強調して、その国家的危険性を断じた。[17]

僻遠《へきえん》の地で、判決――幸徳以下二十四名に死刑、半数は後に無期懲役に減刑――の報に接した綾川は、何か感ずるものがあっただろうか。十数年後、彼は平沼に近しい存在となり、その意を体して、あらゆる反国家的思潮の防遏に専心するのである。

三　明暗の帝大生活

一九一三（大正二）年七月、綾川武治は第七高等学校造士館を卒業し、同年九月、東京帝国大学文科大学哲学科に入学する。同期入学には、哲学科に土屋文明（一八九〇―一九九〇）、文学科に芥川龍之介（一八九二―一九二七）、久米正雄（一八九一―一九五二）、成瀬正一（一八九二―一九三六）[18]など、日本近代文学史上『新思潮』（第三、四次）同人の名で知られる面々がいた。

最高学府に籍を置いたよろこびもつかの間、綾川は、ふたたび苦学を余儀なくされる。学費の一部は、前述野崎家から援助を受けられたものの、不足分や生活費は、どうあっても自弁の道を講ぜねばならなかった。そこで彼は、比較的出欠自由だった当時の大学課程の利点をいかし、一年のうち、四～六ヶ月を賃労働に、残りの期間を学修に専念するという計画を立て、三年間忠実にそれを実行したのである。仕事先は、かつて働いた福島、磐

戦前の宮鉱業所
「絵葉書」（発行元、年代不明）より

城炭鉱株式会社の宮鉱業所である。採炭夫としての綾川は、きわめて優秀だったようで、会計日にはたいてい賞与の筆頭になり、作業員宿舎（いわゆる飯場）の元締からはしきりと定住を勧められたという。そうした努力の甲斐あって、綾川は、少なくとも一年のうち半年は一般的な大学生並に、書物を購入――月々の文芸誌にはほとんど目を通し、文科大学帝国文学会の機関誌『帝国文学』に時折文芸時評を投稿した[19]――し、学生間の交際や享楽の面でも、充実した青春を謳歌することが出来たのである。

とりわけ打ち込んだのは、端艇部（漕艇部）での活動であった。同じく部員であった久米正雄は、後に、短編小説『競漕』[20]のなか

実験（液体波動管内伝達）中の学生
東京帝国大学文科大学心理学教室編『実験心理写真帖』
（弘道館、1910 年 12 月）より

で、第二十八回各分科大学対抗競漕大会（一九一五年四月一〇日）に文科大学チームの舵手として出場した時の経験を描いているが、二番漕手の綾川[21]も「早川」という名で登場し、合宿中に「久野の目の前で何とか申しわけをいいながら七杯目の茶碗を下婢の前に出した。そしておまけに卵を五つ六つ牛鍋の中に入れて食べた」とか、「今まで選手の誰れ彼れことに二番の早川などが秘密に酒を飲んで来たことはある」とか、レース本番では「苦るしい息の中から、情けない声を出した」とか、コミカルに描写されている。

さて、文科大学生としての綾川は、心理学倫理学論理学第一講座担任教授の松本亦太郎

（一八六五─一九四三）のもとで、心理学を専修した。松本は、著名なドイツの心理学者・哲学者ヴント（Wilhelm Max Wundt, 一八三二─一九二〇）の弟子であり、元良《もとら》勇次郎《ゆうじろう》（一八五八─一九一二）と並んで、日本における心理学研究の草分け的存在であった。綾川は、この師を通じて、ヴント心理学──ゲシュタルト心理学の侵透以前は、斯界の大勢を占めていた──の理論を、体系的に学んだ。

　実証性を重んじ、それまで哲学の一部門としてしかみられていなかった心理学を、自然科学（近代科学）と並立する「精神科学」として位置付けたヴント。彼の理論は、一般に、「要素主義」とも「構成主義」とも称され、水を酸素（O）と水素（H_2）の分子結合において説明するように、人間の複雑な意識を、自己観察（内観）実験を用いて「純粋感覚、簡単感情」とそれ以外の心的要素とに分解し、何らかの観念や二次的な概念区分によって変化させられていない本来の「直接経験」をみきわめ、その上で再構成することによって、一つ一つの意識がつくり出される心的過程を解明しようとするものであった。[22] 綾川は、こうしたヴントの所説から、人間心理のみならず、現象世界をありのままに把捉せんとする根本的な認識態度──「有ゆる『嘘』の外面を剥ぎ尽して、有ゆる詭弁詭計を看破し尽し」て、「事実の実相、事象の実質、物の本質を検覈《けんかく》顧慮す」る[23]──を、学び取ったのである。

四　人種問題へのめざめ

綾川武治が、多感な青年期の只中に在って、日々現実と格闘していたちょうどその頃、国際社会（帝国主義世界）の苦学生にして優等生たる日本もまた、友好的な先輩として長らく親しみを感じていたアメリカから——幕末のペリー（Matthew Calbraith Perry, 一七九四–一八五八）の砲艦外交以来というべき——醒めた現実を突き付けられていた。

一九世紀後半、米西海岸一帯に発生・拡大した有色人移民・労働者排斥のムーヴメントは、二〇世紀に入って、その矛先を中国系から日系に転じ、サンフランシスコ市での白人労働者・市民団体による日韓人排斥連盟（The Japanese and Korean Exclusion League）の組織化（一九〇五年五月）や、同市学務局による日本人学童隔離命令（一九〇六年一〇月）等を経て、ついには、帰化権なき外国人（要は日系一世）の土地所有を禁じたカリフォルニア州法（California Alien Land Law of 1913）いわゆる第一次排日土地法の成立（一九一三年五月一九日）をみるに至った。

同法の制定をめぐって、両国政府間の緊張は高まり、「日米戦争の風説が世界中に伝播」し(24)、日本国内でも、マハン米海軍少将（Alfred Thayer Mahan, 一八四〇–一九一四）の「日本人はアメリカ社会に同化不可能な民族である」という趣旨の論説（*The Times.* 掲載）が大手新聞に紹介され、(25)徳富蘇峰《とくとみそほう》（猪一郎、一八六三—一九五七）が白閥打破論——「白皙人種《はくせきじんしゅ》が、世界を我物顔に振舞うは、明白なる事実也。……現に加洲に於ける日本人迫害の如きも、白閥跋扈《ばっこ》の実物教育にあらずや」——を高唱するなど、(26)一時波紋が広がった。

大正初頭の移民問題は、大国ロシアに軍事的勝利を収め、日本は名実共に白人列強と肩を並べたと自負していた——「一等国になったんだという高慢な声は随所に聞くようである」(27)——日本人一般の意識に、釈然としないものを残したが、綾川にとっても、みずからのライフワークを決定付ける大きなきっかけとなった。「北米合衆国は、白人に対しては、入国及帰化を許すが、有色人に対しては、之を許さない。政治的に社会的に、白人には平等待遇、黒人には差別待遇を与えている。……」(28)。否、米国ばかりではない。「加奈陀《カナダ》及び濠洲は、盛んに白人の移民を歓迎せるに拘わらず、有色人の移民は排斥している。……此種の現象は何故に起るのであろうか。解決の道がありとすれば、如何なる解決案があるであろうか」(29)。こうした社会心理学的問題意識が、いつしか「胸奥に蟠《わだかま》」り、以降十数年にわたって「解決を迫って止む時な」く、綾川を呻吟させていったのである。(30)

五　大学は出たけれど

一九一六（大正五）年七月、綾川武治は東京帝国大学大文科大学を卒業するが[31]、学究への意欲止まず、また、文学士のステイタスに見合った職に就けなかった――「当時の文科の学生は大学を出ても就職のクチが少なく、地方の中学校の教員にでもなるのがよい方だった[32]」――こともあって、同年九月、同帝大の法科大学法律学科（英吉利《イギリス》法兼修）に学士入学する。L（Literature）からJ（Justice）へ、再度の変針――帝大法科卒は、無試験で司法官試補や弁護士の資格を得られる等[33]、社会的メリットも多かった――である。同期入学には、後に密接な政治的同志となる笠木《かさぎ》良明《よしあき》（一八九二―一九五五）、太田《おおた》耕造《こうぞう》（一八八九―一九八一）、思想的に対立する宮崎龍介《みやざきりゅうすけ》（一八九二―一九七一）、赤松克磨（一八九四―一九五五）等々がいた。

法科大学生となった綾川は、英米法系を中心に学ぶ一方で、外交史講座担任教授（国際公法第一講座兼担）の立作太郎《たちさくたろう》（一八七四―一九四三）に親しく教えを受け、国際政治学への蒙を啓かれている。

学資調達の問題――前述野崎家からの援助も文科大学卒業を以て終了した――も、立《たち》の斡旋で、外交時報社の社員に採用されたことで解決した。

同社が月二回刊行する『外交時報』は、一八九八（明治三一）年二月、国際法学者有賀長雄（一八六〇－一九二一）によって創刊された専門誌で、学術・報道・評論の三要素を、毎号高い水準で統合していた点で定評があった。(34) 綾川と同誌との関係は長期間にわたり、記者を一年半ほどつとめて退社した後も、折々海外の文献翻訳を請け負い、一九二〇年代から三〇年代前半にかけて、多量の論文・記事を寄稿している。(35)

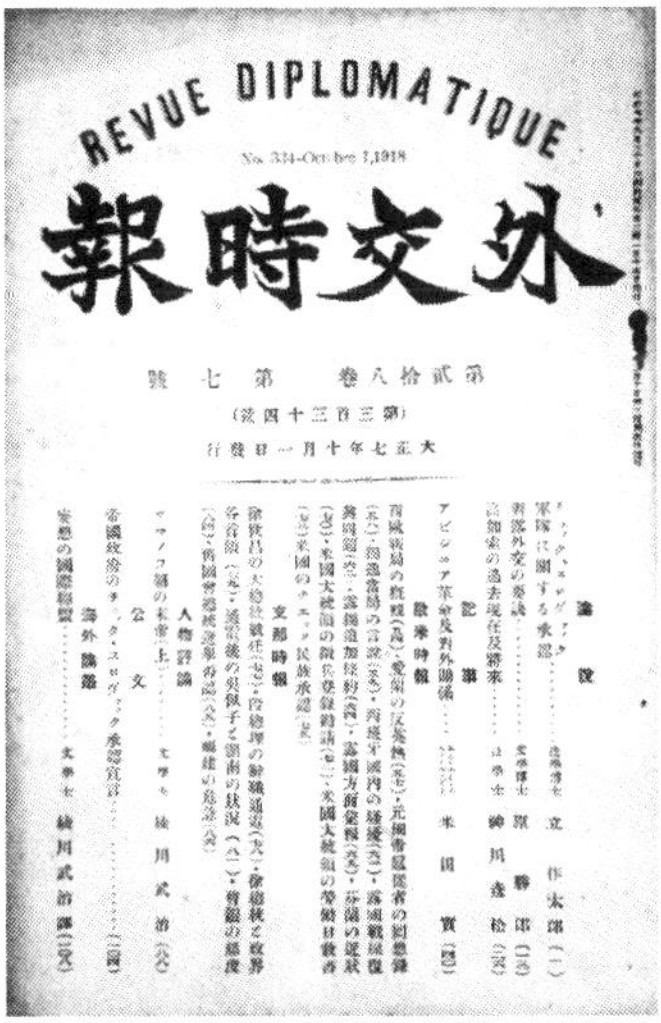

『外交時報』第334号（1918年10月1日）

蜷川新《にながわあらた》（一八七三－一九五九）と半澤玉城《はんざわぎょくじょう》（一八八三－一九五七）という、二人の個性的な論客と識り合ったのも、『外交時報』を通じてのことであった。前者は、そのショービニズム的な姿勢――「余は極力欧化主義を排斥す」(36)――において、後者は、そのダーウィニズム的世界観――「戦争は最も有力にして活発なる人類細胞の自然淘汰に外ならぬ」(37)――において、それぞれ綾川の思想形成に影響を与えたとみられる。

副業に追われ、交友関係も広がっていく中で、正課の授業は自然と疎かになり、また猶予期限（一九一八年四月二三日、満二十七歳）切れの徴兵検査のことなどもあって[38]、綾川は、二年次の学年末試験（一九一八年六月）に落第、一年留年を余儀なくされてしまう。そして、彼の実質的な右傾化は、この頃から徐々に始まっていく。

六　国家主義へのめざめ

綾川武治が法科大学に在籍していた一九一〇年代後半、日本の思想界は、内外の諸事象――ロシア革命の勃発（一九一七年三月、一一月）およびレーニン（Vladimir Ilyich Lenin, 一八七〇－一九二四）率いるボリシェヴィキの権力掌握、四年四ヶ月に及んだ第一次世界大戦の終結（一九一八年一一月一一日）と国際連盟の発足（一九二〇年一月一〇日）、民主国家・アメリカの国際的台頭、日本国内における労働争議件数の年次増加[39]、米騒動の発生（一九一八年七月）と全国的拡大およびそれらに伴う社会不安の醸成、等々――の余波を受け、文字通り混沌たる状況にあった。綾川は、次のように回想している。

世界大戦の末期大正六年の露西亜《ロシア》革命は、我が日本の社会主義運動に画期的刺激を与え、大正七、八年の交は、全国に労働組合及び社会主義団体を簇《ぞく》出した。けれども一方に於て、我が日本が参加した連合国側の、米国参戦誘導の為めにせるデモクラシー擁護讃美の宣伝は、我が国内に民本主義なるデモクラシー運動を起し、次いで国際連盟組織を促進する為めにせる国際主義の宣伝は、我が国に流入し来って我が知識階級間に国際主義の思潮を喚起した。この欧米より殺到し来った社会主義、デモクラシー、国際主義の三思潮は、常に新しき傾向を喜び迎えんとする習癖を有する学者思想家の大部分を捲き込んで、異常なる迫力を以て、日本精神、日本国家に挑戦し来ったのである。(40)

東京帝国大学の圏域でも、法科大学政治史講座担任教授の吉野作造（一八七八―一九三三）、福田徳三（一八七四―一九三〇）、麻生久（一八九一―一九四〇）らリベラルな学者やジャーナリストを中心に黎明会が、赤松克麿、宮崎龍介、佐野学ら吉野に触発された帝大の学生・卒業生有志を中心に新人会が、同時期に結成（一九一八年一二月）される。(41)前者は、民本主義《デモクラシー》

上杉慎吉
『新興之勢力　国事に当るの第一着手』
（日本学術普及会、1926年10月）より

に拠って専制主義・軍国主義など「世界の大勢に逆行する危険なる頑冥思想」の「撲滅」を掲げ、後者は、社会主義――漸次共産主義に特化――に拠って「現代日本ノ正当ナル改造運動」を目指し、各々活発な言論活動を繰り広げた。

他方、そうした動きに反発した太田耕造、天野辰夫（一八九二－一九七四）、立花定（一八九四－没年未詳）ら帝大法学部――一九一九（大正八）年二月に分科大学制より学部制に改編――の学生有志は、憲法講座担任教授の上杉慎吉（一八七八－一九二九）、OBの平沼騏一郎検事総長、平沼側近の竹内賀久治《たけうちかくじ》弁護士（一八七五－一九四六）らの指導のもと、「国家の現状憂慮に堪えず、内政外交を刷新して帝国の国威を発揚すべし」をスローガンに、興国同志会を結成（一九一九年二～四月頃）する。[42] 学内からは、文学部講師の紀平正美《きひらただよし》（一八七四－一九四九）、大学院文科生の平泉澄《ひらいずみきよし》（一八九五－一九八四）、法学部生の綾川武治、森島守人《もりしまもりと》（一八九六－一九七五）、塩原時三郎（一八九六－一九六四）、岸信介《きしのぶすけ》（一八九六－一九八七）、三浦一雄（一八九五－一九六三）、経済学部生の前田一（一八九五

―一九七八）、文学部生の蓑田胸喜《みのだむねき》（一八九四―一九四六）等々が、学外からは、三井甲之《みついこうし》（甲之助、一八八三―一九五三）、鹿子木員信《かのこぎかずのぶ》（一八八四―一九四九）、大川周明、伊藤正徳（一八八九―一九六二）等々が、立場や専門の垣根を越えて参加し、発足から半年経つ頃には、約三百名の会員がいたという。

天下国家の思想尖兵たる自負を以て、興国同志会は、盛んに演説会を企画・開催し、学生会員たちは、黎明会・新人会の会合に積極的に出向き、直接論戦を挑むなどした。資金の提供等、会の最大の後援者であった平沼騏一郎と竹内賀久治《たけうちかくじ》には、ゆくゆくは全国の高等教育機関内に同系の団体を組織させ、司法部における一種の院外団として活用しようという意図があったと思われる。

興国同志会員として、反左派の言説空間に日常的に身を置くようになった綾川は、日まし、日本国家本然の在りよう（国体）を絶対視する、国家主義者（純正日本主義者）としての自覚を強めていった。彼の基本的な国家・天皇観――「幸に我が国家は、極めて団結の鞏固なる血縁によって繋がれたる、民族国家であり、一大家族国家である。而かも神代の昔より連綿として伝えられた、大和民族の大宗家を皇室として上に戴き、主権の存在は、揺ぎなき万世一系の皇統の上にある。更に建国の本義は、矢張り神代の昔から定まって、道

機関誌『戦士日本』創刊号（1920年2月）
ただし、刊行はこの号のみ

徳を以て国家の目的として居るのであって、近代国家の学説と合致して居る」[43]——は、この時期、上杉慎吉の道徳国家・君権絶対説[44]の影響下に形成されたものであり、それは生涯を通じて変わることはなかった。

さて、順調に活動を続けるかにみえた興国同志会であったが、一九二〇（大正九）年初頭の森戸事件によって、思わぬ蹉跌をきたしてしまう。

東京帝大経済学部助教授で、黎明会の主要メンバーの一人でもあった森戸辰男（一八八八―一九八四）が、学部機関誌『経済学研究』創刊号（一九一九年一二月）に発表した論文「クロポトキンの社会思想の研究」。その内容を、著しく不穏当なもの（無政府主義《アナキズム》礼賛）とみなした興国同志会の一部急進的会員は、山川健次郎帝大総長（一八五四―一九三一）や南弘文部次官（一八六九―一九四六）、平沼検事総長などを訪問し、強硬な措置を求めた。結果的に、森戸と発行責任者の大内兵衛助教授（一八八八－一九八〇）は、新聞紙法第四十二条違反の容疑で起訴（一月一四日）――後に有罪確定し、両者ともに失職――されるが、学内外の世論は、こうした処置は明らかに「大学の自由」・「学問の独立」を侵害するものと受け止め、逆襲に転じた新人会を先頭に、興国同志会を一斉に弾劾し始めたのである。(45)

予期せぬ反発・非難の嵐に興国同志会は動揺し、事件への対応の是非をめぐって内部は紛糾、なかには岸信介のように公然と脱退を宣言する者も出て来て、会勢は著しく低下した。

やがて、岸らは鹿子木員信や大川周明の指導のもと学内で「日の会」を結成（一九二〇年二～三月頃）し、太田耕造らは竹内賀久治の指導のもと、平沼騏一郎を盟主に新たに国本社（第一次）を結成（一九二一年一月頃）し、それぞれに仕切り直しをはかった。綾川はといえば、迷わず、どちらにも加盟し、生え抜きの右派学徒として、次第に頭角を現していくのである。

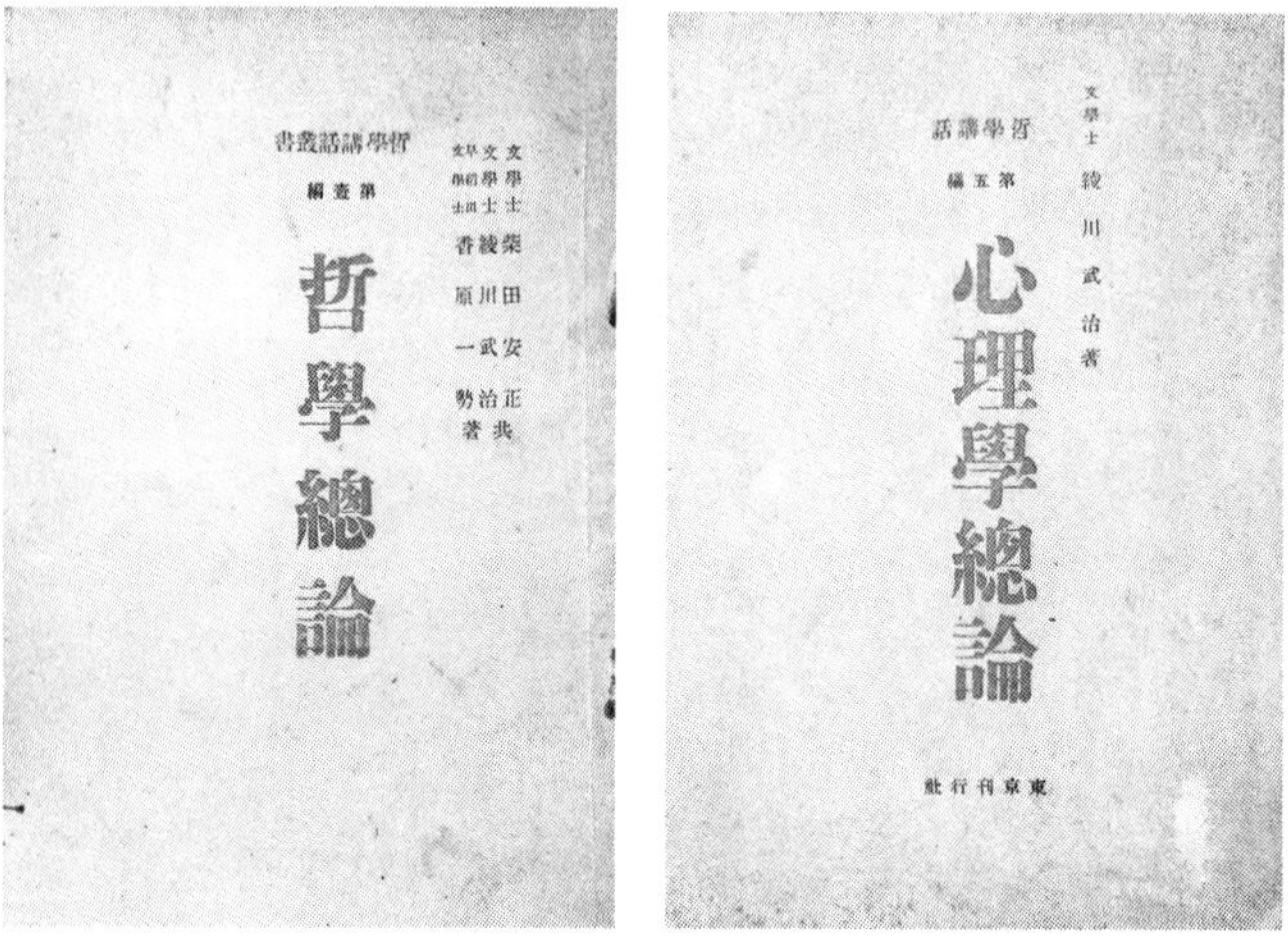

共著『哲学総論』（1919年7月刊）と初の単著となる『心理学総論』（1920年2月刊）

七　大正教養主義の一齣

綾川武治の初期の学問的業績の一つに、文学士としての専門知識を活かした学術図書の出版がある。

阿部次郎（一八八三ー一九五九）の『三太郎の日記』（一九一四年四月初刊）など大正初期から続く一連の教養書ブームに乗って岩波書店が企画した哲学叢書全十二編（一九一五年一〇月刊行開始）の予想以上のヒット[46]に刺激された東京刊行社は、バスに乗り遅れまいと、哲学講話叢書全十四編を企画し、うち数編の執筆を、法科大学在学中の綾川文学士に依頼した。

抜擢を受けた綾川は、勇躍これに取り組み、単著・共著合わせて四編をものした。[47]それらはいずれも好調な売れ行きを示し、特に、一九一九（大正八）年七月に刊行した第一篇『哲学総論』は版を重ね、同年三月の文部省令第八号（高等学校規定）のなかで「哲学概説」が高等学校文科の必修科目と定められたこととも相まって、手頃な参考書としてスマッシュヒットを飛ばしたのである。[48]

小結

一九二〇（大正九）年一〇月、[49]満二十九歳の綾川武治は、東京帝国大学法学部を卒業し、長かった修学期にピリオドを打った。

顧みれば、私の学生生活は、自活生活というよりは、多くの篤志家の恩顧によったものが多かった。恐らく苦学というには当らない。また私も苦学をしたとも思わない。けれども、学資に困まっている学生に相談を受けた時、いつも言うのは、東京でつまらない所謂苦学生活をするよりも、炭鉱へでも働いて来て、それで貯えた金で勉強したらどうだというのであった。併し、私の勧めによって炭坑に行ったものは、まだ一人もなかった。そして、他にも炭坑に行って働いたという学生の話もきかなかった。すると、私は学生として、特異な過去と経験とを持った者であったかも知れないと思う[50]。

小林秀三（林清三）をはじめ、学問による立身を志しながらも中途で挫折した（せざるを得なかった）青年たちが、同時代にあまた存在したなかで、幸運にも綾川は、最高学府の課程を二度も全うすることが出来た。そのことは、彼に、得難い自信をもたらすとともに、ようやくの思いで手にした栄誉（学歴エリート）の存立基盤たる日本国家への観念的な attachment と loyalty を、ことさら高からしめたに違いない。まさしく、マルクス（Karl Heinrich Marx, 一八一八―一八八三）いうところの、「社会的存在がその意識を規定[51]」したのである。

後に、綾川は、日清戦争―日露戦争―第一次世界大戦参戦（日独戦争）―対華二十一ヶ条要求―満洲事変と、日本の一連のパワー・ポリティクスは、「貧国」の自助努力《セルフヘルプ》であり、持たざる者の当然の権利（生存権）の行使であるとして、その正当性――およびそれを阻害しようとする白人「大富国」主導の国際社会の不当性――を繰り返し強調する。

日本こそ、真に自らの地位を自覚すべき時に達している。今後十年ならずして、如何なる豊作を以てするも、食うべき土地がないのだ。而も、国際間の分配を正義に変改することなくば、如何に国内の分配を正義化するとも、日本に於ける社会問題は、永久に解決されないのである。(52)

自らの為せる所に原因せずして貧なる者が社会組織の欠陥に対して矯正を要求することが正当ならば、自らの為せる所に原因せずして貧国たる国が、世界現下の状態に対して矯正を要求することも同じく正当でなければならない。……真に世界的見地より見れば、我が日本は世界に於ける純然たる無産国である。無産者が、富者に向って階級闘争の戦術を以て戦うことが出来るとすれば、此の社会主義的の筆法を以てしても尚且つ日本は無産者の名に於て世界の富国に対して開戦することが是認さるべき筈である。……曰く満蒙に優越権を確得せよ。曰く西伯利《シベリア》に地歩を固めよ。此の策以外になし。(53)

日露戦争以来、有色人を自覚奮起せしめ、白人の有色人支配を困難ならしめ、白人世界覇権の根柢を揺がし、彼等の文明及び生活を脅かすに至った日本に対して、折あらば之を屈せしめ、世界覇権の上に飽くなき享楽を貪らんと考えていた国際連盟首脳部を成す欧米列強は、支那の対日反抗を利用し、支那の訴えを好機として、(ヴェルサイユ)講和会議以後、常に支那と協働して日本を圧迫し来ったのである。(原文改行)満洲事変の勃発は、白人諸強国にとりて、日本圧迫の絶好機会であった。……併し満洲を支那に渡せば、また日本の手に渡る危険性がある。彼等白人の最も安心な道は、彼等の直接支配下に置くことであった。是に於て彼等の満洲国際管理案なるものが生れたのである。満洲調査委員会が作り上げたリットン報告案なるものが、それであった。[54]

こうした綾川の、余裕がなく、どこか切羽詰まったような国家膨張のイメージ[55]には、徒手空拳で貧窮から身を起こし、周縁の嫉視・干渉をはねのけ、文字通り苦学力行の果てに現在の地歩を築いた自身の修学・形成期が、おのずと重ね合わされているように、筆者には思われてならない。

【註】

（1）綾川武治の経歴について、基本的な事項は、以下の文献に依拠した。田鍋三郎他『愛国運動闘士列伝』（新光閣、一九三六年六月）六、七頁。小野龍之助編『埼玉人物評論』（埼玉人物評論社、一九三六年六月）。衆議院事務局編『第一回乃至第十九回総選挙　衆議院議員略歴』（内閣印刷局、一九三六年一二月）。綾川「第三回目の立候補にあたりご挨拶」（一九三七年四月）、埼玉県立文書館所蔵『高橋（周）家文書』資料番号二九六八。「国家主義系団体員の経歴調査　第一」、『思想資料パンフレット』第八の三巻（司法省刑事局、一九四一年四月）二六、二七頁。社会問題研究会編『右翼事典―民族派の全貌―』（双葉社、一九七一年一月）二〇六頁。堀幸雄編『最新右翼辞典』（柏書房、二〇〇六年一一月）二三頁。

（2）幸太郎は一九三〇（昭和五）年五月二七日に没（満七十二歳）、せんは一九三二（昭和七）年一月一六日に没（満六十二歳）。晩年二人は、就農の意思がない武治に代わって養女を迎え、婿を取らせた。現在の綾川家ご当主は、この方々のご子息である。

（3）行政区域としては、大里郡長井村（郡統合、一八九六年）、同郡妻沼町（町村合併、一九五五年）を経て、現在は熊谷市（市町合併、二〇〇五年）。

（4）綾川「私の特異な学生々活時代」、『戦友』第一八七号（一九二六年一月）六三頁。

（5）花袋『田舎教師』（新潮社、一九五二年八月）七〇頁。

（6）石坂は、長井村の隣村、奈良村（旧、中奈良村）の豪農の家に生まれ、奈良尋常小学校、幡羅高等小学校、熊谷中学校、第二高等学校を経て、綾川と同じ東京帝国大学文科大学哲学科を卒業。政友会所属として、埼玉県会議員、同副議長、衆議院議員（四期）を務めた。綾川にとっては、後年、『帝国文学』誌上で文芸時評を共執したり（本書〔巻末資料・1〕参照）、総選挙・同一選挙区で票を争ったりするなど、因縁浅からぬ先輩であった。

（7）『明治三十八年十月　埼玉県立熊谷中学校一覧』（一九〇五年一二月）七四頁。

（8）綾川前掲「私の特異な学生々活時代」六四頁。

（9）綾川前掲「私の特異な学生々活時代」六五頁。

（10）それゆえか、ご親族の証言によれば、綾川は、長身で実に堂々たる体躯の持ち主であったという。

（11）『第七高等学校造士館一覧　自明治四十三年九月至明治四十四年八月』（一九一〇年一二月）一三、一四、一〇二、一一五頁。綾川と同年、この制度を利用して、矢内原忠雄（一八九三―一九六一）は第一高等学校の英法科に、芥川龍之介や久米正雄は同英文科に、入学している。竹内洋『日本の近代一二／学歴貴族の栄光と挫折』（中央公論新社、一九九九年四月）二二頁、一〇六頁。

（12）綾川前掲「私の特異な学生々活時代」六六頁。

（13）二年時には「学力優秀品行端正」により一学年間授業料免除の特待生に選抜されている。『第七高等学校造士館一覧　自明治四十四年九月至明治四十五年八月』（一九一一年一二月）一一三頁。

(14)竹内洋『教養主義の没落　変わりゆくエリート学生文化』(中央公論新社、二〇〇三年七月)八七、八八頁。

(15)有馬学『日本の近代 四／「国際化」の中の帝国日本』(中央公論新社、一九九九年五月)二〇一二四頁。ロジャー・ブラウン「大正・昭和初期における安岡正篤の人格論」、『郷学』第四二号(二〇〇三年一月)五九頁。

(16)東聲「大隅山の夏雲」、永吉實宏編『記念誌』(第七高等学校記念祝賀会、一九二六年一〇月)二九八頁。

(17)荻野富士夫『思想検事』(岩波書店、二〇〇〇年九月)一二、一三頁。

(18)成瀬の実父、成瀬正恭(一八六八―一九三〇)は、宮内省御用銀行である十五銀行の重役であったが、一九二五(大正一四)年一二月、綾川とも関係の深い北一輝の配下から、政界(薩派)との結び付きを糾弾する怪文書を送り付けられ、暗に恐喝されている。「十五銀行怪文書事件　聴取書、訊問調書」、『北一輝著作集』第三巻(みすず書房、一九七二年四月)参照。

(19)本書〔巻末資料・1〕参照。

(20)第四次『新思潮』第一年四号(一九一六年六月)初出。

(21)後に綾川は、第三十一回競漕大会(一九一八年四月一三日)にも、法科大学チームの四番漕手として出場している。久保勘三郎編『東京帝国大学漕艇部五十年史』(一九三六年五月)一六九、一七五頁。

(22)須藤新吉『ヴントの心理学』(内田老鶴圃、一九一五年六月)一一九―一三五頁。宮城音弥編『岩波小辞

典　心理学　第2版』（岩波書店、一九五六年九月）一六、五五頁。ヴント『体験と認識―ヴィルヘルム・ヴント自伝―』（*Erlebtes und Erkanntes*, 1921. 川村宣元、石田幸平共訳、東北大学出版会、二〇〇二年九月）一八五－一八七頁。

（23）綾川「民族・民族闘争及世界革命」、『解放』第四巻一号（一九二二年一月）一六六頁。同「労農露西亜に対する実質的解釈」、『東洋』第二八巻三号（一九二五年三月）一五、一六頁。

（24）秦郁彦「明治期以降における日米太平洋戦略の変遷」、『国際政治　第三七号／日本外交史の諸問題Ⅲ』（有斐閣、一九六八年一〇月）一〇六頁。同『太平洋国際関係史　日米および日露危機の系譜　一九〇〇－一九三五』（福村出版、一九七二年九月）一〇四－一一二頁。島岡宏「カリフォルニア州排日土地法をめぐる日米危機」、『軍事史学』第一二巻一号（一九七六年六月）八二－八四頁。

（25）『東京日日新聞』（一九一三年六月二六日）等。クリストファー・スピルマン「汎スラヴ主義と汎アジア主義の比較研究」、『九州産業大学紀要』第四四号（二〇〇九年一二月）七〇、七一頁。

（26）蘇峰『時務一家言』（民友社、一九一三年一二月）四七〇、四七一頁。澤田次郎『近代日本人のアメリカ観　日露戦争以後を中心に』（慶應義塾大学出版会、一九九九年一一月）六五－六八頁。杉山肇、伊藤信哉「米田實の対米認識」、長谷川雄一編著『大正期日本のアメリカ認識』（慶應義塾大学出版会、二〇〇一年五月）一八五－一八八頁。

（27）夏目漱石「現代日本の開化」（講演筆記、一九一一年八月一五日）、『漱石文明論集』（岩波書店、一九八六年一〇月）三八頁。
(28) 綾川「序」、『人種問題研究』（倉橋書店、一九二五年二月）一頁。
(29) 綾川「序」、前掲『人種問題研究』一頁。
(30) 綾川「序」、前掲『人種問題研究』一頁。
(31) 卒業論文については未詳（調査中）。
(32) 鷺只雄編著『年表作家読本　芥川龍之介』（河出書房新社、一九九二年六月）六〇頁。
(33) この制度は、一九二三（大正一二）年四月の法改正（「司法官試補及弁護士ノ資格ニ関スル件」）で廃止され、以降の卒業生は特典を得られなくなった。
(34) 一九二一（大正一〇）年一月より半澤玉城が社長兼編輯人に就任して以降は、誌勢を拡大し、現職総理大臣の原敬（一八五六─一九二一）をはじめ、政、財、官、学、軍、ジャーナリズムと、各界著名の論者が稿を寄せるようになり、文字通り、戦前日本の外交論壇そのものといえるまでになっていく。伊藤信哉『近代日本の外交論壇と外交史学─戦前期の『外交時報』と外交史教育』（日本経済評論社、二〇一一年三月）参照。
(35) 本書（巻末資料・1）参照。
(36) 蜷川『欧米我観』（清水書店、一九一四年一〇月）一四頁。年齢は離れているが、綾川と蜷川は、思想的にも人間的にもウマが合ったとみえ、一時期、帝国在郷軍人会の雑誌『大正公論』（一九二一年五月創刊）に「絶えず執筆者としての名を列していた」という。満川亀太郎「蜷川博士の思想を難ず」、月刊『日本』創刊号（一九二五年四月）三六頁。
(37) 半澤『平和か鉄血か　世界の大変革と戦後の日本』（大日本新聞学会出版部、一九一五年一二月）六三一頁。本書〔巻末資料・3〕一八七、一八八頁、参照。
(38) 本籍地所管の熊谷連隊区より徴集されたが、視力検査で不合格となり、結局、兵役に就くことはなかった。前掲「国家主義系団体員の経歴調査　第一」二六頁。
(39) 「……欧洲大戦に依って与えられたる我産業界の変動は大正六七八年において最も激烈であったがこの時期における労働争議は最も多かった、……大正五年においては物価の昂騰に伴れて争議件数は著しく増加し大正六七八年は所謂物価暴騰時代で同期においては労働争議頻発しその件数はいよいよ激増して大正八年の如きは四百九十七件に及び戦前に比すれば実に十倍の多きに達し参加人員はほとんど十倍して居る……」。新聞記事「最近に於て意外に増加した労働争議の内容」、『中外商業新報』（一九二四年一一月一〇日）。
(40) 綾川「純正日本主義運動と国家社会主義運動」、『経済往来』第九巻三号（一九三四年三月）四二頁。
(41) 黎明会、新人会については、以下の文献を参照。佐々木敏二「『新人会（前期）』の活動と思想」、『キリスト教社会問題研究』第一三号（一九六八年三月）。山領健二「黎明会」、『思想の科学』第一一八号（一九八〇年五月）。中村勝範「黎明会創立における大正デモクラシーの一齣」、『法学研究』第五八巻二号（一九八五年二月）。等々。

（42）興国同志会については、以下の文献を参照。竹内賀久治伝刊行会編『竹内賀久治伝』（酒井書房、一九六〇年三月）六五、六六頁。夜久正雄「太田耕造先生と興国同志会の人々」、『亜細亜大学教養部紀要』第二九号（一九八四年）一〇七頁。中谷武世『昭和動乱期の回想　中谷武世回顧録』（泰流社、一九八九年三月）三、五−八頁。長尾龍一『日本憲法思想史』（講談社、一九九六年一　月）一〇〇−一〇二頁。等々。

（43）綾川『不穏思想の真相と其対策』（兵書出版社、一九三三年一二月）四二頁。

（44）「人の道徳が最高に発達したものが国家生活であ」り、「国家は人の道徳生活の基礎であり極点である。「我が国は本来一の家族から発達したものであって、家族の中心たる一家の父を以て中央の権力者として、夫れが拡張して一の国家となったもの」であり、「建国の歴史に欠点がない。自然に適って居り、自ら国民をして愛国の情を発生せしむるという点」において、「世界に無類」である。されば、「全体があればこそ一部がある、一部があればこそ全体がある、国家と個人とは決してこれを離して考える事は出来な」い。天皇は、「国家と一致する、国家其の者であると云う意味に於て統治権の総攬者であ」る。上杉『国民教育　帝国憲法講義』（有斐閣書房、一九一一年一二月）五〇、六　、七八、一一八頁。長尾前掲『日本憲法思想史』七五−八三頁。

（45）新聞記事「失われた大学の自由　七百の学生奮起す」、『東京日日新聞』（一九一〇年一月一七日）。

同「学者の研究を処罰するは学問の独立を侵害するもの」、『大正日日新聞』（一九二〇年一月一七日）。同「興国同志会の改造」、『大正日日新聞』（一九二〇年二月一八日）。前掲『竹内賀久治伝』六六―六九頁。伊藤隆『昭和初期政治史研究―ロンドン海軍軍縮問題をめぐる諸政治集団の対抗と提携―』（東京大学出版会、一九六九年五月）三五五、三五六頁。夜久前掲「太田耕造先生と興国同志会の人々」一一二―一一五頁。中谷前掲『昭和動乱期の回想』八、九頁。竹内洋『丸山真男の時代』（中央公論新社、二〇〇五年一一月）七八―八三頁。同「帝大粛清運動の誕生・猛攻・蹉跌」、同他編『日本主義的教養の時代　大学批判の古層』（柏書房、二〇〇六年二月）一九―二三頁。

（46）竹内前掲『教養主義の没落』一四〇、一四一頁。

（47）本書〔巻末資料・1〕参照。

（48）一九二二（大正一一）年二月の時点で、三十版に達している。

（49）学生運動や原稿執筆等に追われた結果、六月の学年末試験（卒業試験）は不合格となり、九月の再試験にかろうじて合格した。

（50）綾川前掲「私の特異な学生々活時代」六七頁。

（51）『経済学批判』（*Kritik der Politischen Ökonomie*, 1859）「序言」。

（52）綾川前掲「民族・民族闘争及世界革命」一七七頁。

（53）綾川「人口問題の根本的解決策」、『大民』第八巻五号（一九二二年五月）一四、一九、二〇頁。

（54）綾川『満洲事変の世界史的意義』（大陸国策研究所、一九三六年九月）八二、八三頁、（ ）内引用者。

（55）同じ文脈でも、多少なりとも富裕な家庭に生まれ育った北一輝のそれが、どこか泰然とした印象を与える――「国家ハ又国家自身ノ発達ノ結果他ニ不法ノ大領土ヲ独占シテ人類共存ノ天道ヲ無視スル者ニ対シテ戦争ヲ開始スルノ権利ヲ有ス」――のと対照的である。北「国家改造案原理大綱」（一九一九年稿）、『北一輝著作集』第二巻（みすず書房、一九五九年七月）二七二頁。

第二章　確立・行動期
―一九二〇年代―

一　満鉄研究員として

一九二〇（大正九）年一〇月、綾川武治は、東京帝国大学法学部を卒業と同時に、大川周明の斡旋で、南満洲鉄道株式会社（満鉄）総務部事務局管轄の東亜経済調査局に中途採用となり、大川が課長をつとめる編輯課（後調査課に改称）に配属され、調査係主任を命じられた(1)。

東亜経済調査局は、一九〇八（明治四一）年九月に、初代満鉄総裁後藤新平（一八五七―

一九二九）の意向を受け、「世界経済特に東亜経済に関する諸般の資料を蒐集整理し、之を基礎として、日本及満蒙の経済的立脚点を知悉せん」、「蒐集整理せられたる資料と、調査とを出来得る限り公開して、以て一般の利用に供し、日本帝国及世界の文化に貢献する所あらん」という二大目的のもと、「資料収集」・「人材網羅」・「社会的貢献」の三点で利便性の高い東京支社内に設立された高度な調査研究機関であった。[2]

大連本社内の調査課が、満鉄本来の鉄道輸送事業に即した、沿線・附属地の実勢調査を主務としていたのに対し、こちらは、国策会社という満鉄の今一つの側面に沿った、世界各地の経済産業事情の調査や欧米諸国の植民政策の研究など、日本の国家戦略の遂行に資するべき、総合的シンクタンクの役割を期待されていた。[3]

綾川の入社当時、東亜経済調査局は、指導者（局長）に松岡均平《まつおかきんぺい》（一八七六－一九六〇）、主事兼資料課長に永雄《ながお》策郎《さくろう》（一八八四－一九六〇）、編輯課長に大川周明といった体制で、局内には、大川に与《くみ》する笠木良明と嶋野三郎（一八九三－一九八二）、新人会員の岡上守道（一八九〇－一九四三）、波多野《はたの》鼎《かなえ》（一八九六－一九七六）、嘉治隆一《かじりゅういち》（一八九六－一九七八）らが在籍しており[4]、左右の「選良インテリ」たちの、さながら「梁山泊」の如き様相を呈していた。[5]

そうした人的環境のなかで、綾川は、指定業務たる「経済諸般の調査」に従事し、北米、

満鉄大連図書館

オーストラリア、ニュージーランド、南アフリカ、ケニア植民地（英領東アフリカ）等々、主としてアングロ・サクソン入植地における労働問題——これらの地域で発生した、原住民または外国人労働者の脱走や暴動、同盟罷業等の事例は、自社経営の撫順炭礦や鞍山製鉄所で中国人労働者いわゆる苦力《クーリー》を大量に徴募・管理していた満鉄にとって、看過出来ない他山の石であった(6)——のリサーチに当たり、そのレポートを逐次、定期刊行物『経済資料』（月刊）に発表していった(7)。

その一方で、かねてよりの宿願であった人種問題研究にも本格的に取りかかり、当時、満鉄大連図書館と並んでアジア最大級と謳われた東亜経済調査局のアーカイヴ機能を存分に活かし、「人種問題に関する欧米の諸文献を漁り、その材料を蒐集(8)」していった。なかでも、「狂信的な人種差別主義者(9)」と評される米国の歴史家ストッダード（Lothrop Stoddard, 一八八三

—一九五〇）の『有色人の昂潮（有色人種の勃興）』（*The Rising Tide of Color against White World-Supremacy*, 1920.）には、多大な示唆を受けたという[10]。

二　猶存社の日々

本務たる調査研究と並行して、綾川武治は、部外での思想運動にも精力的に取り組んだ。第一の拠点となったのは、猶存社である。

猶存社は、一九一九（大正八）年八月一日に大川周明、満川亀太《みつかわかめた》郎《ろう》（一八八八–一九三六）らによって結成され、翌年一月に上海から北一輝を迎え本格的に活動を開始した、当時異色の右派結社であった[11]。同社は、北の『国家改造案原理大綱』（後『日本改造法案大綱』に改題）を理論的柱に据え、「革命的大帝国の建設運動」、「道義的対外策の提唱」、「亜細亜《アジア》解放の為めの大軍国的組織」等々、ダイナミックな綱領を掲げ[12]、明治期以来の「精神的復古的日本主義の色調」を帯びない「革命主義、国家主義で、而して民族主義」の唱道・実践を目指した[13]。同人には、前記三名（三尊）の他、鹿子木員信、岩田富美夫（一八九一–一九四三）、笠木良明、嶋野三郎、清水行之助（一八九五–一九八〇）、西田《にしだ》税《みつぎ》（一九〇一–一九三七）、それに綾川など、後々司法当局から、民間における「(国家)革新運動の最も有力なる指導的人物」[14]と評される面々が名を連ねていた。

大川周明との関係から、自然と猶存社本部――北一輝宅を兼ね、一九二〇(大正九)年一二月に牛込区南町から豊多摩郡千駄ヶ谷町に移転――に出入りするようになった[15]綾川は、そこで方向性を同じくする個性的な同人たちと親交を深め、「全体が非常に仲睦まじく、和気藹々たる雰囲気」のなかで「談笑の裡」[16]に、自身の思想を確立・練磨していった。

気鋭の若手右派論客として、世間一般に認知され始めたのもこの頃からで、猶存社に連なる日の会(東京帝国大学)、魂の会(拓殖大学)、潮の会(早稲田大学)、光の会(慶應義塾大学)など、都下の右派学生組織が合同で企画・開催した復興亜細亜講演会(於神田青年会館、一九二二年一一月三〇日)では、亡命インド人のボース(Rash Behari Bose, 一八八六―一九四五)や来日中のアフガニスタン政府顧問プラタプ(Raja Mahendra Pratap, 一八八六―一九七九)らと並んで出講し[17]、「欧米国際理論ノ抹殺」と題して、「優種民族をもって自ら任じつつある欧米各国の政治、生活を罵倒」[18]し、「白人の資本主義侵略主義を痛撃し、パリー、華府《ワシントン》両会議の奥底をたたき、彼等のいう平和主義の仮面をあば」[19]くなどして、各紙記者から注目されている[20]。

復興亜細亜講演会弁士控室
左より満川亀太郎、R.B. ボース、綾川武治、R.M. プラタプ、右端大川周明。
『東京日日新聞』（1922 年 12 月 1 日）より。

片や、社会主義革命や労農ロシア（ソ連）に一定の理解を示していた大川周明や満川亀太郎、鹿子木員信ら[21]の影響もあってのことであろう。「極右より極左に亘っ」て幅広い人士が参集[22]した思想研究会老壮会（一九一八年一〇月九日結成）の例会に出席[23]したり、社会主義作家で大杉栄（一八八五―一九二三）の精神的同志でもあった江《え》口《ぐち》渙《かん》（一八八七―一九七五）と交友を持つ――「六月（一九二四年）のある日だった。那須温泉でしたしくしていた右翼団体猶存社の綾川武治と、たまたま、市電の中であった。そのときの立ち話で堀口（直江、急進的アナキスト和田久太郎〈一八九三―一九二八〉の元恋人）が妻沼で死んだことをきいた。綾川の郷里は妻沼の近くなので、堀口の消息をしっていたのである」[24]──など、オープンな姿勢も示している。

猶存社は、領袖《りょうしゅう》たる北一輝と大川周明の見解の相違や感情的齟齬[25]によって、一九二二（大正一一）年頃から内部に気まずい空気が生じるようになり、翌年三月には表札が下ろされ、以降自然消滅してしまうが[26]、綾川にとってそこでの日々は、まごうかたなき青春の残照であった。

三　震災後の時局にさいして

一九二三（大正一二）年九月一日午前一一時五八分、関東大震災が発生する。

直接罹災は免れた綾川武治だったが、戒厳令下、朝鮮人・社会主義者に関する出所不明の流言蜚語によって関東各地で発生した騒擾[27]、なかでも、埼玉県の郷里近辺で起こった自警団等による朝鮮人集団殺害事件には衝撃を受け、日ならずして調査に乗り出している。

一連の出来事をめぐって、犯罪事実以上に、自警団の刑事的責任の有無を問題視した綾川は、みずから旧猶存社の「青年分子」を率い、上杉慎吉傘下の学生たちとも連携して、菊池義郎（一八九〇―一九九〇）ら新時代協会、中西雄洞（一八八九―没年未詳）ら浄土宗労働共済会、野田季吉（生没年未詳）ら自由法曹会、菊池良一衆議院議員（一八七九―没年未詳）ら城南荘一派などに協力を呼びかけ、「（東京）市内各区に設けられた自警団を傘下に集め」て、関東自警同盟なる期間限定の組織を立ち上げた。(28)(29)

関東自警同盟は、巷間あたかも「兇器無頼の悪徒」、「血に飢えた蛮人」の如く誤解されてしまった自警団の汚名を――過失は過失、罪は罪として認めつつ――そそぐべく、内務大臣後藤新平と司法大臣平沼騏一郎に詰問状を送付し、檄文三千枚を各方面に配布した。いわく、行政は、今頃になって、凶行の全責任を自警団に押し付けようとしているのではないか。「流言の出所に付当局が其の責を負わず民衆に転嫁せんとする理由如何」、「当局が目のあたり自警団の暴行を放任し後日に至りその罪を問わんとする理由如何」、「自警団の罪悪のみ独り之を天下にあばき幾多警官の暴行は之を秘せんとする理由如何」……。(30)

更に綾川は、熊谷町、本庄町等、埼玉県下における複数の自警団事件の公判（於浦和地裁、一〇月二二日開廷、一一月六～八日論告求刑）の進展をみすえ、被告人らを側面から支援すべく、独自の調査をもとに『埼玉県自警団事件経過真相』なる文書を口述し、謄写印刷して、内務・司法および県当局に送付した。文書のなかで、綾川は、「殊ニ鮮人事件ハ、其ノ前後ノ措置如何ニヨッテハ、日本国家将来ニ大影響ヲ及ボスベキ一大事件デアル」という大局的認識のもと、各事件の推移を社会心理（集団心理）の専門家としての所見を交えつつ冷静に叙述し、つまるところ犠牲者を多からしめた最大の原因は、震災直後（九月二日）に埼玉県当局が内務部長名で各郡役所を通じて発した、「民心不安ヲ激成セシムルガ如」き文言――「鮮人不穏、一朝有事ノ際ハ速カニ適当ノ方策ニ出デヨ」、「目下警察力微弱ニ付キ……」――を無定見に含んだ移牒文にあり、最終的な責任は「官民共」に負うべきであると、論断している。そして、官側があくまで「責任ヲ負ワズ」というならば、「敢テ負ウコトヲ強要スル必要ハナイ。我等ハ、官憲ヲ否認シテ、我等人民自ラノ政治ヲ産ミ出ス迄デアル。而シテソハ、人民ノ産ミ親タル陛下ノ御威徳ヲ最モ体現シタル皇民一体国家ノ政治デナケレバナラナイ」と、当時の殺伐たる空気を反映したものか、末尾を、いささか不穏当な表現で締めくくっている。

大震ヲ機会トシテ組織サレタ自警団ハ、埼玉県ノ例ガ実証スル如ク、官憲ノ慫慂若クハ誘導ノ下ニ自警自衛ノ任ニツイタノデアル。……「町村ノ為メ、国家ノ為メニ働イテ馬鹿ヲ見タ。モウ町村ノ為メ、公共ノ為メ、国家ノ為メニハ働キマスマイ」。ソウシタ感慨ハ、独リ埼玉自警団員ノミノ心ニ芽ザスモノデハナイ。大震直後自警団ヲ組織シタ関東一帯否、日本全国民ノ当然ニ抱ク感慨デハアルマイカ。斯ル気持ヲ抱カシムルニ至ッタモノハ、一ニ大震後ニ於ケル政府当局ノ悪措置デナケレバナラナイ。然ラバ、即チ政府ハ、政府自身ノ為ス所ニ依ッテ、非国家主義、無政府個人主義ヲ鼓吹シツツアルモノデナケレバナラナイ。……然ラバ、現政府ハ、日本国家ノ、而シテ日本国家ヲ飽迄擁護セントスル我徒国家主義者ノ、不倶戴天ノ仇敵デナケレバナラナイ。(31)

こうした、綾川ら関東自警同盟の果敢な抗議活動の甲斐もあってか、起訴された自警団員たちに対する司法の裁断は、ほとんどが執行猶予付または軽めの実刑、そのまた多くは恩赦で放免という、概して温情に満ちた——別の視点からいえば、外部からの圧力によって「あわれにもゆれうごいた」——判決となったのである。(32)

四　国を本とし、地に行わん

一九二〇年代を通じて、綾川武治は、さまざまな思想・政治団体に出入りしたが、特に、重要な位置を占めたのは、前述の猶存社とその流れを汲む行地社《こうち》、そして国本社である。

行地社は、大川周明を中心とする行地会――震災後、社会教育家小尾晴敏（一八八三―一九三五）が主宰する社会教育研究所[33]の研究部長・寮頭を兼務していた大川のもとに、旧猶存社同人の一部が参集したもの（一九二三年九～一二月頃）――を母体として、一九二五（大正一四）年四月（二月一一日とも）に結成された、猶存社の実質後継団体である。[34]当初の主な同人は、大川周明、満川亀太郎、綾川武治、笠木良明、嶋野三郎、高村光次（一八九一―没年未詳）、清水行之助、中谷武世（一八九八―一九九〇）、安岡正篤（一八九八―一九八三）、西田税、それに大川直系の、松延繁次（一八九三―没年未詳）、金内良輔（一八九五―一九六六）、狩野敏（一九〇一―一九八一）、千倉武夫（一九〇一―没年未詳）、柳瀬薫（生没年未詳）、等々であった。

同社は、その綱領に、「維新日本の建設」、「有色民族の解放」、「世界の道義的統一」等を掲げ、「直接民衆に訴える」よりも、「将来の民衆指導者たるべき人々」[35]（少壮軍人、教員、学生等）を国家革新の同志として獲得すべく、一段高みに立った講壇的な教化運動を行なった。[36]綾川も、宣伝部長として、社および社傘下の学生組織が主催する講演会に積極的に出講し、機関誌月刊『日本』（一九二五年四月創刊）に健筆をふるった。[37]だが、安田共済事件[38]（一九二五年八月発生）や宮内省怪文書事件[39]（一九二六年五～六月）をめぐって顕在化した社内対立――

大川周明および彼に心酔するグループと、それに反発し社外の北一輝に親近するグループ――や、自身の新聞社入り（後述）などで、しだいに大川との疎隔が広がり、一九二六（大正一五）年七月には、満川亀太郎、笠木良明、中谷武世ら反大川派と歩調を合わせて、行地社を脱退している。(40)

一方、国本社――民本に対しての国本――は、先述興国同志会の分裂解消後、平沼騏一郎とその腹心竹内賀久治の肝煎りで、一九二一（大正一〇）年一月頃に結成された政治結社で、同人（一九二三年一一月現在）には、井上哲次郎（一八五六―一九四四）、筧克彦（一八七二―一九六一）、紀平正美、三《み》潴信三《ずましんぞう》（一八七九―一九三七）、三井甲之、太田耕造、綾川武治、天野辰夫、蓑田胸喜などが列していた。(41)

今日一般的に、同じ国家主義でも、国本社は復古（保守）系、猶存社―行地社は革新系と、カテゴライズされているが、じっさいの境界はこの時期あいまいで、(42)綾川のように両方に公然と出入りする者もいたのである。

初期の国本社の活動は、機関誌月刊『国本』（一九二一年一月創刊）の発行――綾川も編集に参加(43)――くらいであったが、一九二四（大正一三）年五月に、同じ平沼系の辛酉会(44)（一九二一年結成）と融合するようなかたちで組織を拡大再編――趣意書には、役員として、会長に平沼騏一郎、理事に、原嘉道（一八六七―一九四四）、加藤寛治（一八七〇―一九三九）、樺山資英（一八六八―一九四一）、竹内賀久治、宇垣一成（一八六八―一九五六）、山岡萬之助（一八七六―一九六八）、小山松吉（一八六九―一九四八）、後藤文夫（一八八四―一九八〇）、荒木貞夫（一八七七―一九六六）、四王天延孝（一八七九―一九六二）、鈴木喜三郎（一八六七―一九四〇）、等々、各界から錚々たる面々が名を連ねた――してからは、新たに『国本新聞』を発刊し、各地で講演会を開催――「その動員し得る名士の顔振れの豪華さを以て鳴った」(45)――するなど、豊富な資金力（平沼人脈）を背景に、全国規模で啓蒙事業を展開するようになった。最盛期には、百七十の支部、二十万余（七～八万とも）の会員を擁したという。

一九三六（昭和一一）年六月に正式解散するまで、綾川は、国本社と関わりを持ち続けた――定期的に『国本』に論文を執筆(46)し、社の講演部を通じて各地に出講(47)――が、何よりも人脈形成において得たメリットは大きかった。一九二五（大正一四）年に、綾川は、日本大学総長を兼務していた平沼など関係者の斡旋で同校法学部の講師に、翌年には、法政大学学監を兼務していた小山松吉など関係者の斡旋で同校専門部の講師に、それぞれ就任している(48)。特に、日大への出講は途中休講年度を挟んで一〇年以上の長期にわたり、「政治史」、「政治学」等の科目を担当している。

五　右派ジャーナリストとして（その1）

一九二五（大正一四）年四月、綾川武治は、北一輝の実弟で大東文化学院（一九二四年一月開院）の教授であった北昤吉（一八八五―一九六一）の斡旋により、同学院の経営母体である大東文化協会（一九二三年二月一一日創立）の東洋研究部嘱託となり(49)、機関誌『大東文化』(50)の編集等に参画することになった。

大東文化協会は、第一次世界大戦後の思想変動によって動揺弛緩した国民精神――難波大助（一八九九―一九二四）による虎ノ門事件（一九二三年一二月二七日）は、それを象徴する出来事といえた――の作興と、明確な倫理規範としての漢学の振興――「我皇道ニ遵ヒ及国体ニ醇化セル儒教ニ拠リ国民道義ノ扶植ヲ図ルコト」、「本邦現時ノ情勢ニ鑑ミ儒教ノ振興ヲ図リ及東亜文化ヲ中心トスル大東文化学院ヲ設立維持スルコト」――を主目的とする半

小川平吉

『創立沿革』（大東文化協会・学院創立十周年記念会、1932年10月）より

官半民の学術文化団体で、(51)その中枢には、会頭として大木遠吉《おおきえんきち》（一八七一―一九二六）、副会頭として江木千之《えぎかずゆき》（一八五三―一九三二）、小川平吉（一八七〇―一九四二）、それに大東文化学院総長として平沼騏一郎と、復古的政治信条をとりわけ強く有する政・官の実力者たちがいた。なかでも、小川は、行動的な人物で、虎ノ門事件一周年を機にみずから率先して青天会なる結社を立ち上げ、(52)更には、「俗悪ジャーナリズムに対抗」し「腐敗せる社会、堕落せる人心を矯正」すべく、日刊新聞『日本』を創刊（一九二五年六月二五日）する。(53)

北昤吉を通じて小川平吉の知遇を得た綾川も、同紙に社友として招聘され、毎号の短評欄「十六面棒」を受け持ち、「流行新聞の論説を批評し、大学の赤化を攻撃」することになった。(54)だが、そうしたことは、東亜経済調査局の上司である大川周明から快く思われず――小川平吉は北一輝のパトロンの一人でもあった――、徐々に局にいづらくなった綾川は、一時は大連本社調査課への転属願を出そうかとも考えたが、かねて尊敬する井上哲次郎(55)から「内地にとどまって国論を喚起すべし」と強く勧められたこともあって、一九二六（大正一五）年四月、意を決して満鉄を依願退社し、「陸羯南や三宅雪嶺の遺志を継ぐのだ」と周囲に宣言して、正式に日本新聞社員となった。(56)

入社と同時に編輯局長に抜擢(57)された綾川は、早速、小川の意を受け、みずからの信条も色濃く反映させた「編輯心得」――「国防ニ関シテハ最モ重大ニ取扱ウハ勿論、軍部情報国軍ニ有利ナル様取扱ウコト。軍閥ノ語ハ可成避ケ見出シニハ絶対ニ用イザルコト」、「自主的外交ヲ主張シ外務省ノ軟弱ヲ糾弾スルヨウ記事ヲ取扱ウコト」、「右傾団体ハ侮蔑的〔ママ〕態ヲ以テ取扱ウベカラズ。暴力団ノ用語ハ断ジテ用イザルコト」、「国家主義団体及個人ヲ支持スルコト」、「古来ノ良風習ヲ蔑視スルガ如キ軽佻浮薄ノ行為ヲ排斥ス」、等々[58]――を執筆、謄写して社内に配布、以降、紙面全般にわたって辣腕をふるい始める。

北昤吉の回想によれば、綾川は、主筆の若宮卯之助（一八七二―一九三八）とともに、「日本新聞には実に忠実に働いた」という[59]。その一方で、元来の生真面目な性格から、上層部と一般社員の板挟みになり、苦慮することも少なくなかったようである。「最も畏敬し信頼していた」綾川によって新聞『日本』を逐われた（一九三〇年）という右派ジャーナリスト高杉杏園（京演、一八九五―没年未詳）は、退社後、新聞人としての綾川の人となりを、次のように分析している。

綾川氏の性格は、どうみても新聞界の人ではない、綾川氏が新聞界に足を踏み込んだことは全く自己錯誤である。……日本新聞は人事関係の最もうるさい新聞社である。

それ丈け仕事以外の気苦労が並大抵ではない。表面豪放のごとくみえて神経質な綾川氏のことであるから、つねにそうした気苦労が、氏を虐げているように見えて、綾川氏の立場には同情が出来る。人間が純真なだけに押しが弱い。それでも一杯ひっかけると、打って変った元気〔ママ〕が出る。……日本主義には、綾川氏ほど忠実な使徒はあるまい、あまりに凝り固まっているので偏し過ぎるというものもあるが、それ丈け人間が真正直なのである。……社員を馘るにしても、自己の信念から出発することの出来ないというような人のよさでは、結局は自らを滅ぼしはしないか。綾川氏ほど主義に忠実な人はないが、そうした自己信念には余りに弱過ぎる。あまりに自己の周囲に気がねをし過ぎはしないか――もっと親分肌があっていいと思う(60)。

ともあれ、綾川が在籍していた数年間、新聞『日本』は、いわゆる「極右系」の立場(61)から、思想問題のみならず、政治・外交・国防に関する折々の諸問題(62)を採り上げ、小部数――一九三三(昭和八)年一〇月一〇日現在の公称発行部数は「三三二五〇〇部」であり(63)、一〇〇万部を優に超える東西『朝日新聞』など大手紙には、はるかに及ばなかった――ながら、メディアの一隅に異彩――「畢竟は資力の充実に因るのであろうが、此種特色的新聞の存在も亦世間に必要であることを知らしめる」[64]――を放ち続けた。

特に、一九三〇（昭和五）年のロンドン海軍軍縮会議（一月二一日〜四月二二日）をめぐるいわゆる統帥権干犯問題では、連日紙面を挙げて、与党民政党・浜口雄幸内閣の英米協調路線批判のキャンペーンを展開した。なかでも、『日曜夕刊』や『帝国新報』、雑誌『新聞と社会』など右派他社と足並みを揃えたキャッスル事件の報道――新任の米駐日大使キャッスル（William Richards Castle, 一八七八―一九六三）によって、三〇〇万米ドル相当の金銭が、幣原喜重郎外務大臣（一八七一―一九五一）ら政府関係者や、『時事新報』、『東京日日』、『東京朝日』など大新聞の幹部たちにバラ撒かれたとして、連日のように弾劾した――では、世間の耳目を大きく集めたという[65]。この件では、後に、噂の発信元である『日曜夕刊』の中川吉太郎理事（生没年未詳）が、『時事新報』の編輯局長で元興国同志会員でもあった伊藤正徳らから名誉棄損で訴えられ、綾川も証人の一人として召喚されている[66]。

小結

以上みてきたように、綾川武治は、一九二〇年代を通じ、みずからを、日本主義生粋の論客にして唱道者《イデオローグ》、国家エリートならぬ国家主義エリートとして、世間一般に認知させていった。その足跡は言論界にとどまらず、一九二八（昭和三）年には弁護士登録を行い、竹内賀久治、太田耕造、天野辰夫、林逸郎（一八九二―一九六五）、角岡知良（一八八四―没年未詳）らの所属する東京第二弁護士会に入会、[67]翌々年には、西巣鴨町に個人事務所を開業している。この関係で、後には、林、角岡らの愛国法曹連盟（一九三二年五月結成）にも参加し、[68]郷里近辺で起こった救国埼玉挺身隊事件（一九三三年一一月一三日一斉検挙）にさいしては、熊谷出身の吉田豊隆（一九〇九―一九七四）ら被告人たちの公判を間接支援している。

他にも、綾川は、新聞『日本』の購読者に呼びかけて「同志数千を集」め日本会（一九二六年一一月創立）なる親睦団体を主宰したり、[69]赤尾敏（一八九九―一九九〇）らの建国会（一九二六年二月一一日結成）の顧問として、[70]また、北昤吉らの祖国同志会（一九二九年三月結成、同年中祖国会に改称）の相談役として、[71]創設当初から関与するなど、右派陣営におけるその存在感は、年とともにいや増すばかりであった。[72]

【註】

（1）『東亜経済調査局概況（沿革及自大正九年四月至同十年三月第十八回事務報告書）』（一九二一年）七、

八頁。草柳大蔵「満鉄調査部と嶋野三郎」、財団法人満鉄会・嶋野三郎伝記刊行会編『嶋野三郎』（原書房、一九八四年四月）五四六頁。

（2）前掲『東亜経済調査局概況』一―三頁。一九一九（大正八）年からは、新たに「学術的基礎に立つ種類に属する高級社員養成所たるの任務」も付加された。

（3）草柳大蔵『実録満鉄調査部』上巻（朝日新聞社、一九八三年二月）八二―八八頁。財団法人満鉄会編『満鉄四十年史』（吉川弘文館、二〇〇七年一一月）九六、九七頁。

（4）佐野学もいたが、綾川とほぼ入れ違いで退社し、早稲田大学講師に転じた。

（5）伊藤武雄『満鉄に生きて』（勁草書房、一九六四年九月）五四―五七頁。草柳前掲『実録満鉄調査部』上巻、八九―九二頁。松本健一『思想としての右翼』（新版、論創社、二〇〇〇年八月）一四三、一四四頁。

（6）渡辺公三『司法的同一性の誕生　市民社会における個体識別と登録』（言叢社、二〇〇三年二月）三七三―三七五頁。

（7）『経済資料』は筆者無記名のため、正確な執筆本数は不明。

（8）綾川「序」、『満洲事変の世界史的意義』（大陸国策研究所、一九三六年九月）一頁。

（9）クリストファー・スピルマン「解題」、拓殖大学創立百年史編纂室編『満川亀太郎――地域・地球事情の啓蒙者』上巻（拓殖大学、二〇〇一年九月）四五二、四五三頁。

（10）綾川「序」、前掲『満洲事変の世界史的意義』一頁。

（11）猶存社については、以下の文献を参照。大川周明「五・一五事件訊問調書」（一九三三年四月一七日）、高橋正衛編『現代史資料 五／国家主義運動 二』（みすず書房、一九六四年一月）。満川亀太郎『三国干渉以後』（平凡社、一九三五年九月）。司法省刑事局「思想研究資料特輯第五十三号／右翼思想犯罪事件の綜合的研究」（一九三九年二月）、今井清一、高橋正衛編『現代史資料 四／国家主義運動 一』（みすず書房、一九六三年五月）。木下半治『日本国家主義運動史』（慶應書房、一九三九年一〇月）。長谷川雄一「猶存社の三尊―北一輝・大川周明と満川亀太郎の交誼」、同他編『満川亀太郎書簡集』（論創社、二〇一二年七月）。等々。

（12）満川亀太郎「革命的大帝国」、猶存社機関誌『雄叫び』創刊号（一九二〇年七月）、前掲『満川亀太郎』上巻、四七六頁。宮本盛太郎『宗教的人間の政治思想―安部磯雄と鹿子木員信の場合―』（木鐸社、一九八四年三月）一三六、一三七頁。

（13）橋川文三は、「それ以前の右翼団体」には「たんに左翼は国賊だ、社会主義は非国民だという感情的反発しかな」く、「いわゆる日本ファシズム運動史をたどるには、この猶存社に結集した右翼人の思想と、その後の経歴をたて糸として追及するのがもっとも適切である」と、論定している。「日本ファシズムの推進力」、「昭和維新とファッショ的統合の思想」、『昭和ナショナリズムの諸相』（再録、名古屋大学出版会、一九九四年六月）一二四、一四五頁。

（14）前掲「右翼思想犯罪事件の綜合的研究」一二一、一二四頁、（ ）内引用者。

(15) 満川前掲『三国干渉以後』二四七頁。

(16) 中谷武世『昭和動乱期の回想　中谷武世回顧録』（泰流社、一九八九年三月）一〇三頁。

(17) これに先立ち、日の会主催の地方講演会（「世界革命に関する講演会」、於大阪　仙台、一九二二年七月二三日・三〇日）にも出講している。満川前掲『三国干渉以後』二五七頁。中谷前掲『昭和動乱期の回想』二三頁。

(18) 新聞記事「アフガン使節も参加して気を吐いた復興亜細亜講演会」、『東京朝日新聞』（一九二二年一二月一日）五面。

(19) 新聞記事「光ささぬ国の息苦しき叫び」、『東京日日新聞』（一九二二年一二月一日）九面。

(20) 「要視察印度人」ボースの登壇（講題「復興亜細亜ト印度」）もあって、同講演会には、外務省（亜細亜局）も格別の関心を払っている。「外秘乙第四五四号　大正十一年十二月一日　復興亜細亜講演会ニ関スル件」、『外務省記録／在内外協会関係雑件　在内ノ部　四』（国立公文書館アジア歴史資料センター、http://www.jacar.go.jp/ B03041026300）第六―九画像。

(21) 満川前掲『三国干渉以後』二〇六―二一一頁。宮本前掲『宗教的人間の政治思想』一三三―一三五頁。大塚健洋『大川周明と近代日本』（木鐸社、一九九〇年九月）一一六、一一七、一四七、一四八頁。

(22) 満川亀太郎（世話人）、大川周明、鹿子木員信ら猶存社同人、旧自由党員の大井憲太郎（一八四三―一九二二）、佐藤鋼次郎予備役陸軍中将（一八六二―一九二三）、旧日本社会党員の堺利彦（一八七一―

一九三三）、労働運動家の島中雄三（一八八一―一九四〇）、マルクス経済学の紹介者高畠素之（一八八六―一九二八）、等々。

（23）第三十九回例会（創立第三年記念会、一九二一年一〇月一二日）、第四十回例会（同年一一月二五日）の出席名簿に名前が確認できる。「老壮会記事」、国立国会図書館憲政資料室所蔵『満川亀太郎文書』資料番号三六一。老壮会については、以下の文献を参照。満川前掲『三国干渉以後』。前掲「右翼思想犯罪事件の綜合的研究」。木下前掲『日本国家主義運動史』。大塚前掲『大川周明と近代日本』。等々。

（24）江口『続わが文学半生紀』（春陽堂書店、一九五八年三月）二〇六、二〇七頁、（）内引用者。

（25）田中惣五郎『北一輝　増補版』（三一書房、一九七一年一月）二五〇、二五一頁。大塚前掲『大川周明と近代日本』一四七―一四九頁。長谷川前掲「猶存社の三尊」二九四、二九五頁。

（26）綾川によれば、「同人各自がその精神を体して独立しその拡大運動を行わんが為めに解散した」のだという。綾川「純正日本主義運動と国家社会主義運動」、『経済往来』第九巻三号（一九三四年三月）四五頁。

（27）以下の文献を参照。姜徳相、琴秉洞編『現代史資料　六／関東大震災と朝鮮人』（みすず書房、一九六三年一〇月）。姜徳相『関東大震災』（中央公論社、一九七五年一一月）。埼玉県行政史編さん室編『埼玉県行政史』第二巻（埼玉県県政情報資料室、一九九〇年三月）。松尾章一『関東大震災と戒厳令』（吉川弘文館、二〇〇三年九月）。安江聖也「関東大震災における行政戒厳」、『軍事史学』第三七巻四号

（二〇〇二年三月）。等々。
(28) ジャーナリスト五百木良三（一八七一―一九三七）、大竹貫一衆議院議員（一八六〇―一九四四）らによって結成（一九一三―一四年頃）された、明治後期の対外硬派の流れを汲むグループで、一九二〇（大正九）年の宮中某重大事件（東宮妃廃立事件）では、猶存社等と共闘して、裕仁皇太子の婚約取消をもくろむ元老山県有朋（一八三八―一九二二）に対し抗議運動を行なった。満川前掲『三国干渉以後』二五二、二五三頁。刈田徹『大川周明と国家改造運動』（人間の科学社、二〇〇一年一一月）一八三―一八五頁。
(29) 新聞記事「今頃になって検挙は何事ぞ　関東自警同盟から内相法相に詰問状」、『東京日日新聞』夕刊（一九二三年一〇月二三日）二面。綾川前掲「純正日本主義運動と国家社会主義運動」四五頁、（ ）内引用者。記事によれば、発起人には、新時代協会から三十二名、労働共済会から五十二名、自由法曹会から十二名、城南荘一派から数名、東亜経済調査局から綾川含め八名が、名を連ねたという。
(30) 前掲「今頃になって検挙は何事ぞ」。
(31) 綾川『埼玉県自警団事件経過真相』（謄写版、一九二三年一〇―一一月頃口述）五一、五四、五五頁。
(32) 姜前掲『関東大震災』一七六―一七九頁。
(33) 綾川も、一九二三（大正一二）年頃、同所で「社会心理」を講義している。
(34) 社会教育研究所、行地会―行地社および同社の私設教育機関である大学寮（一九二五年四月開寮～

同年一二月閉鎖）については、以下の文献を参照。大川前掲「五・一五事件訊問調書」。満川前掲『三国干渉以後』。前掲「右翼思想犯罪事件の綜合的研究」。木下前掲『日本国家主義運動史』。大塚前掲『大川周明と近代日本』。刈田前掲『大川周明と国家改造運動』。クリストファー・スピルマン「解題／大正一三年〜昭和一一年の満川日記」、長谷川雄一他編『満川亀太郎日記　大正八年〜昭和十一年』（論創社、二〇一一年一月）。等々。

（35）大塚前掲『大川周明と近代日本』一七一、一七二頁。

（36）「汎太平洋会議に就て」（於皇居内旧本丸跡大学寮、一九二五年六月三日）、「白人文明の批判」（於芝協調会館、一九二五年六月一〇日）、「人種問題所見」・「国際生活戦と社会問題」・「国際生活戦」・「西洋文明批判」・「世界的人種問題」（於北海道・東北地方、一九二五年一〇月七〜一〇日）、「労農ロシアに現われたる生活と主義との矛盾」（於神田青年会館、一九二六年二月一七日）、「人種闘争の近状」（於静岡市、一九二六年七月一八日）、等々。月刊『日本』創刊号（一九二五年四月）―第一七号（一九二六年八月）巻末「東西南北」欄参照。

（37）本書〔巻末資料・1〕参照。

（38）安田共済生命保険株式会社の大量人員整理に伴う会社側と社員側の対立にさいし、北一輝が、先に調停を依頼されていた大川周明を出し抜いて、事態の取りまとめを会社側に約束し、多額の報酬を受け取ったとされる件。田中前掲『北一輝』二五七、二五八頁。中谷前掲『昭和動乱期の回想』一七二―

一七五頁。松本健一『大川周明』(再版、岩波書店、二〇〇四年一〇月)二八一―二九二頁。

(39)北一輝とその側近西田税らが、北海道御料地売却に関して宮内省に種々の不正があったとする怪文書を、内大臣牧野伸顕(一八六一―一九四九)、宮内次官関屋貞三郎(一八七五―一九五〇)らに送付し、関屋から警視総監赤池濃(一八七九―一九四五)を通じて三千円を受領したとされる件。後に、事件が表面化すると、綾川は、牧野に恩顧がある大川周明への当てつけか、北を公然と援護し、新聞『日本』紙上(一九二六年九月一日)に、問題の金銭(の上包み)と、それを仲介した沼波武夫(瓊《けい》音、一八七七―一九二七)の書簡――「北の体面を保つ」ようなことが書かれてあった――を、写真掲載している。田中前掲『北一輝』二五九、二六〇頁。「宮内省怪文書事件　聴取書、訊問調書」、『北一輝著作集』第三巻(みすず書房、一九七二年四月)二四九、二七〇、二七一頁。

(40)大塚前掲『大川周明と近代日本』一六六、一六七頁。中谷前掲『昭和動乱期の回想』一七五―一七七頁。スピルマン前掲「解題/大正一三年~昭和一一年の満川日誌」二七〇―二七二頁。

(41)国本社については、以下の文献を参照。木下前掲『日本国家主義運動史』。竹内賀久治伝刊行会編『竹内賀久治伝』(酒井書房、一九六〇年三月)。伊藤隆『昭和初期政治史研究――ロンドン海軍軍縮問題をめぐる諸政治集団の対抗と提携――』(東京大学出版会、一九六九年五月)。橋川文三『昭和維新試論』(朝日新聞社、一九八四年六月)。夜久正雄「太田耕造先生と興国同志会の人々」、『亜細亜大学教養部紀要』第二九号(一九八四年)。等々。

(42) スピルマン前掲「解題／大正一三年～昭和一一年の満川日誌」二七二、二七三頁。
(43) 前掲『満川亀太郎日記』九、六三頁。
(44) 平沼を中心とする親睦会。政・財・官・軍各界の要職者から中堅級まで、幅広い人士が顔を揃えたという。前掲『竹内賀久治伝』七〇―七一頁。
(45) 木下前掲『日本国家主義運動史』一一三頁。
(46) 本書〔巻末資料・1〕参照。
(47) 例えば、一九二五（大正一四）年一〇月には、長野県飯田地方に連泊（二五～二七日）で赴いている（講題「人種問題と日本」）。もっとも、主宰者によれば、この時は、「地味なる朗読調」に加え「難解の言語」とあって、聴衆には大層な不評であったとのこと。須崎慎一「史料紹介―森本洲平日記（抄）―（一九二五（大正一四）年五―九月）」、『神戸大学教養部論集』第三八号（一九八六年一〇月）一八頁。同「史料紹介―森本洲平日記（抄）―（一九二五（大正一四）年一〇―一二月）」、『神戸大学教養部論集』第三九号（一九八七年三月）六、七頁。
(48) 衆議院事務局編『第一回乃至第十九回総選挙　衆議院議員略歴』（内閣印刷局、一九三六年一一月）三四一頁。綾川「第三回目の立候補に当たりご挨拶」（一九三七年四月）、埼玉県立文書館所蔵『高橋（周）家文書』資料番号二九六八。財団法人埼玉県人会編『埼玉県人名選』（一九三八年二月）四頁。他にも、時期・経緯は不明だが、財団法人協調会（一九一九年一二月設立）が所管する蔵前工業専修学校の講師にも就任している。

(49)「東西南北」、月刊『日本』第二号(一九二五年五月)四七頁。北昤吉「小川平吉翁の回顧」、『日本及日本人』第二巻三号(一九五一年三月)五九頁。

(50)同誌にも、綾川は、多数の論文を執筆している。本書〔巻末資料・1〕参照。

(51)伊藤前掲『昭和初期政治史研究』三九一―三九六頁。橋川前掲『昭和維新試論』一九二―一九五頁。

(52)正式な発足は、一九二五(大正一四)年の夏頃とされる。入会者は、小川平吉、大木遠吉、江木千之、平沼騏一郎、五百木良三、井上哲次郎、蜷川新、上杉慎吉、筧克彦、若槻礼次郎(一八六六―一九四九)、本多熊太郎(一八七四―一九四八)、近衛文麿(一八九一―一九四五)、山梨半造(一八六四―一九四四)、荒木貞夫、永田鉄山(一八八四―一九三五)、東條英機(一八八四―一九四八)、北里柴三郎(一八五三―一九三一)、三井甲之、蓑田胸喜、北昤吉、若宮卯之助、綾川武治、中谷武世、他多数。橋川文三は、同会の意義を「日本支配層の復古＝反動グループと、いわゆる民間右翼とを結びつける役割をしたと見られる」と、分析している。小松光男編『日本精神発揚史〔日本新聞十周年記念〕』(日本新聞社、一九三五年四月)四四頁。北前掲「小川平吉翁の回顧」五八頁。伊藤前掲『昭和初期政治史研究』三九六―四〇〇頁。橋川前掲『昭和維新試論』二〇八―二一〇頁。

(53)小川平吉「新聞『日本』発刊趣意及挨拶」(一九二五年六月)、「新聞『日本』を創刊せる顛末」(一九二六年六月)、国立国会図書館憲政資料室所蔵『小川平吉関係文書』資料番号六七三、八七八。小松前掲『日本精神発揚史』三四頁。北前掲「小川平吉翁の回顧」五八、五九頁。伊藤前掲『昭和初期政治史研究』四〇〇－四〇三頁。橋川前掲『昭和維新試論』二一〇－二一三頁。

(54) 小松前掲『日本精神発揚史』四〇頁。北前掲「小川平吉翁の回顧」五九頁。

(55) 平沼騏一郎の後任として、一九二五（大正一四）年二月より、大東文化学院総長（第二代）に就任。

(56) 草柳前掲『実録満鉄調査部』上巻、九三、九四頁。

(57) 「同紙事実上の持主たる小川平吉君が、同紙を次第に純新聞たらしめようとした編輯局長尾間立顕君〈生没年未詳〉の方針を喜ばず、尾間君を顧問の閑職に転じたことに憤慨して、尾間君以下編輯局員十八名の総退社を見たり、（後任局長は青天会の綾川武治君）……」。『昭和二年版　日本新聞年鑑』「第二篇　現勢」（新聞研究所、一九二六年一二月）四六頁、〈〉内引用者。

(58) 綾川「新聞『日本』編輯心得」（一九二六年六月）、前掲『小川平吉関係文書』資料番号八七八。伊藤前掲『昭和初期政治史研究』四〇三－四〇五頁。

(59) 北前掲「小川平吉翁の回顧」六〇頁。

(60) 高杉「私が使われた新聞界の大先輩」、『新聞と社会』第二巻七号（一九三一年七月）四四頁。因みに、高杉の新聞『日本』入社は一九二六（大正一五／昭和元）年一二月、整理部長兼社会部長を命じられるなど、綾川と並んで期待された存在であった。

(61) 前掲『昭和二年版　日本新聞年鑑』「第二篇　現勢」四六頁。

(62) 時には、社主の小川平吉が入閣中（鉄道大臣）の政友会・田中義一内閣を批判するような論説――パリ不戦条約調印（一九二八年八月二八日）に関して――を掲載したりもしたが、小川は概して寛容であったという。中谷前掲『昭和動乱期の回想』二五一―二五三頁。

(63)『昭和九年版　日本新聞年鑑』「第二篇　現勢」（新聞研究所、一九三三年一二月）一一頁。佐藤卓己「日本主義ジャーナリズムの曳光弾――『新聞と社会』の軌跡」、竹内洋他編『日本主義的教養の時代　大学批判の古層』（柏書房、二〇〇六年二月）二六八、二七六、二九六頁。なお、一部原紙は、東京大学大学院情報学環附属社会情報研究資料センター、財団法人無窮会等に所蔵されている。

(64) 前掲『昭和二年版　日本新聞年鑑』「第二篇　現勢」四六頁。

(65) 小松前掲『日本精神発揚史』二〇〇頁。伊藤前掲『昭和初期政治史研究』四四一―四四三頁。

(66)「キャッスル事件に提示された重大なる新材料　真？　偽？　公判の結果は注目さる」、『新聞と社会』第二巻六号（一九三一年六月）一〇頁。佐藤前掲「日本主義ジャーナリズムの曳光弾」二五七―二六一頁。

(67) 第二東京弁護士会会史編纂委員会編『第二東京弁護士会史』（一九七六年一月）五四三頁。

(68)「国家主義系団体員の経歴調査　第一」、『思想資料パンフレット』第八の三巻（司法省刑事局、一九四一年四月）二六頁。『昭和十六年十月現在　全国国家主義団体一覧』（編者・版元不明、国立国会図書館近代デジタルライブラリー公開資料、http://kindai.ndl.go.jp/）三九、四〇頁。

(69) 全国産業団体連合会事務局編『産業経済資料第十一輯／国家主義団体一覧』（一九三二年七月）

一七、一八頁。小松前掲『日本精神発揚史』七七頁。綾川前掲「第三回目の立候補にあたりご挨拶」。
(70) 前掲『国家主義団体一覧』六−八頁。綾川前掲「第三回目の立候補にあたりご挨拶」。
(71) 前掲『国家主義団体一覧』二二、二三頁。綾川前掲「第三回目の立候補にあたりご挨拶」。
(72) それら以外にも、中央教化団体連合会(一九二四年一月発足)の依頼により同会幹部のための社会教化講習会第三回に出講(一九二八年、講題:「満蒙問題に就いて」)したり、高須芳次郎(一八八〇−一九四八)、大川周明らの新東方協会(一九二八年八月発足)およびその別派である日本政治研究会(一九二九年五月発足)に参加したり、満川亀太郎、中谷武世らとともに不戦条約御批准奏請反対同盟(一九二九年二月九日結成)の一員として檄文に名を連ねるなどしている。新聞記事「新東方協会成立」、『読売新聞』(一九二八年七月一三日)四面。不戦条約御批准奏請反対同盟編『不戦条約文問題に就て』(一九二九年二月)五、六頁。新聞記事「いよいよ生まれる日本主義の政党 東方協会別派の約四十名で先づ政治研究会組織」、『読売新聞』夕刊(一九二九年五月二七日)二面。山本悠三「対外問題と中央教化団体連合会—『教化団体連合会史』その8—」、『東京家政大学研究紀要』人文社会科学第三三集(一九九三年二月)四一頁。

第三章　将来の戦争と高次国防
―シヴィリアン・インテリジェンス・オフィサー綾川武治―

一　将来の人種戦争

先章でふれたように、綾川武治は、一九二〇（大正九）年一〇月に満鉄に入社して以降、東亜経済調査局が所蔵する膨大な資料を最大限に活用して、世界各地の人種問題に関する研究を進め、そうして得た知見を論文・記事にまとめ、部内刊行物『経済資料』や『外交時報』等の学術専門誌に逐次発表していった(1)。

一九二四（大正一三）年五月一五日、アメリカ連邦議会両院において、日本からの移民を事実上全面禁止する条項を含んだ法律（The Immigration Act of 1924）いわゆる排日移民法が可決される（七月一日施行）や、日本の国内世論は、排日土地法成立以来の反米感情が再燃し、徳富蘇峰の『国民新聞』を筆頭に、論壇・メディアはこぞって、「正義人道の国」アメリカのダブルスタンダードを激しく非難した。(2)

綾川の人種論も、この改めて顕在化した有色人（日本人）移民問題を受けて、よりラジカルに、人種戦争論の趣を強めていく。

一九二五（大正一四）年二月、綾川は、それまでの研究の集大成として、『人種問題研究』を倉橋書店（後に行地社出版部に移版）より刊行する。「総説」、「各説」、合わせて七〇〇頁を超える菊版の大著で、一部の識者から高い評価――「人種問題に関する日本唯一最高の研究的文献(3)」――を受けた。

以下、同書「総説」の結論部分をかなめに、一九二〇年代を通じて大量に執筆された綾川の人種（戦争）論を、整理してみよう。(4)

……一六世紀から二〇世紀にかけての四世紀が、白色人種による「有色人種圧迫虐遇」の時代であったことは「厳然たる事実」である。現代白人文明は、「世界の資源を掠取し来って欧羅巴《ヨーロッパ》に集積したことに依って建設された文明」(5)であり、その根本原理は、ルネッサンス期以来の「人間的五官的欲望」の充足に基礎を置く「生活帝国主義」である。

とりわけ、産業革命を経ての一八世紀末から一九世紀にかけての、白人の物質的生活標準(6)の異常なる向上――こうした記述のさい、綾川は、あたう限り具体的な統計・数値を示し、論の実証性を高めている。例：「欧州の珈琲《コーヒー》消費量一八〇〇年頃に、約百四十万ツェントネル（当時の欧州人口は約一億二千万）人口一人当り一年一ポンドであったもの、一九一〇年比較的消費量の少い独逸《ドイツ》に於ても一人当り六ポンドとなり、……」(7)――と、人口の増加は、「生活資料及び工業原料供給地」たる「有色人住域乃至有色人諸国」への依存度を「加速度的に増大」せしめ、白人列強間の世界分割運動を促進する結果となった。

『人種問題研究』
（1925年2月刊）本体。

しかるに、二〇世紀に入って、領土・植民地拡張の可能範囲が極限に達し――「実に地球総面積の九分の八強を支配するに至った」(8)――、残された「最後の獲物たる極東亜細亜」(9)も日露戦争によって分割不可能となるに及んで、白人諸国は、既得の生存圏──有色人から奪った土地を、「白人濠洲主義、白人南阿主義、白人加奈陀主義」などを唱えて、あたかも「彼等本来の郷土なるかに主張しつつあ」る[10]──を上限として、従前の文明標準（生活標準）を維持してゆかざるを得なくなった。いわゆる「白人文明の行詰り」とは、こうした事情を指すものである。

　加うるに、過般の第一次世界大戦がもたらした欧州の荒廃とアジア各地における有色人勃興の機運、就中《なかんずく》日本の台頭は、白人をしてなお一層、自分たちの物質文明崩落に対する「懐疑」と「焦慮」、それまで蔑んでいた有色人に対する「恐怖」と「憎悪」──その淵源には、ゴビノウ伯爵（Arthur de Gobineau, 一八一六─一八八二）の人種不平等説（白＞黄＞黒＞獣）や、黄禍論（yellow peril）がある[11]──に、駆り立てた。独墺《ゲルマン》との抗争を制し、露《スラヴ》、仏伊《ラテン》をおさえて、名実共に最強の白人国家となった「英、米両国《アングロ・サクソン》」は、今や、あらゆる手段を講じて有色人勢力の伸長を阻み、「世界現状釘付け」をはからんとしつつある。大戦後、彼らが打ち出して来た国際連盟は、その最たるものである。日本が提案した人種差別待遇問題を内政問題国内管轄事項として連盟規約から除去する一方で、加盟各国の「領土保全」を強調する（第一〇条）がごとき、この組織が、単に「新しき器に古き酒を盛っ」た「白人の利益及特権擁護」の機関に過ぎないことを、明白に実証している。

要するに、人種問題は、有色人が白人と同等に生存する権利―生存権を回復すれば、徹底的に解決される。白人覇権、就中「英米の支配権」[12]が倒れ、有色人差別待遇――例：「南阿連邦に於ける鉱山労働者の賃金は、同種同量の労働であるに拘らず、白人に対しては十二志《シリング》、土人に対しては二志である」[13]――が全面的に撤廃された時こそ、真の意味で人類平等の、ニュートラルな国際社会が実現するのである。問題はそれが、「平和互協」か「武力戦争」か、いずれの手段によって招来されるかである。前者は、白人側の譲歩に僅かな可能性を求められるが、彼らの「今日の態度を種々の方面より考察す」る限り、それは全く以て「不可能」と断定せざるを得ない。畢竟、事態は後者に、世界史上において「一度は必ず経ることを余儀なくされ」た「人種戦争」――ロシアの言語学者トルベツコイ（Nikolaj S.Trubeckoj, 一八九〇―一九三八）によって示唆された――に向かって、一途進転して行くほかはない[14]。これは決して、従来のような、帝国主義・侵略主義の戦争ではない。「国際的に不義なる現状の画定線を変改して、正義に画定せんとする世界革命戦[15]」にして、「人類解放の第二神聖戦争[16]（第一は日露戦争）」である。

しかして、現実において、「日本が戦争を起こす可能性を最も多く持つ相手国は、北米合衆国であ」る[17]。かの国の政治学者ラインシュ（Paul Reinsch, 一八六九―一九二三）が「極言」したように、「好むと好まぬとに関ら」ず、「運命」は、「世界の大富国」にして「西洋（Occident）」・「白人」の代表たる米国と、「世界の貧国」にして「東洋（Orient）」・「有色人」の代表たる日本、太平洋を隔てて相対峙する二ヶ国を、「人種問題戦線の最先端」に立たしめた。[18]……

排日移民法の成立を契機に、日本の識者、特に右派に位置する者たち――徳富蘇峰、上杉慎吉、大川周明、満川亀太郎、池崎忠孝（赤木桁平、一八九一―一九四九）、等々――は、堰を切ったように、近い将来における日米戦争の不可避性に言及し始めるが、[19]そうしたなかでも、「有色人種対白色人種の闘争関係」[20]に徹底してこだわった綾川の戦争史観は、社会科学データの豊富な引用と相まって、一定の説得力を醸し出していた。それはまた、将来的に「如何なる豊作を以てするも、食うべき土地がな」[21]い深刻な人口・食糧問題を抱えた、日本固有の問題性に、「人種平等」・「人類解放」という道義的・普遍的名分を付与するものでもあった。

明治三〇年代初頭、高山樗牛（林次郎、一八七一―一九〇二）は、三国干渉（一八九五年四月二三日）以来の日本人一般の反露意識を先鋭的に表出し、人種競争――「ツラン」黄色人種と「アーリア」白色人種との「来るべき両人種最後の大格闘」――を高唱する論説を立て続けに発表している。[22] 明確な言及はないが、おそらく綾川も、少年期に犢牛の著作にふれ、人種的最終戦争という宿命観を、ごく早い段階から内に蔵していたのではないか。

なお、アングロ・サクソンのみならず、白人総体に対する綾川の警戒心は、終始一貫しており、下って一九三〇年代半ば、日独伊三国の提携が現実味を増しつつあった時期にも、ヒトラー（Adolf Hitler, 一八八九―一九四五）の従来の言辞[23]や、ムッソリーニ（Benito Mussolini, 一八八三―一九四五）のエチオピア問題に関する一連の声明等には、有色人に対する「嫌悪」と「劣等視」が如実に伺え、彼らがどこまで本気で有色人との共棲共存を考えているのか疑わしいと、不信をあらわにしている。[24]

二　敵は国際協調主義

綾川武治は、来たる人種戦争が、結果的に日本を中心とする有色人側の勝利に終わり、そこから新たな国際原則が創成されることを待望していた。だが、彼は決して、ファナティックでもオプティミストでもなかった。綾川の鋭敏な意識は、現状ではたとえ戦争になっても、日本は本来の国力―「国家的戦闘力」を十二分に発揮できないだろうという、極めて深刻かつ切実な危惧の念を抱いていた。その要因は、他でもない、第一次世界大戦中より滔々と日本に流入して来た欧米新思潮、とりわけ国際主義《インターナショナリズム》の、朝野における「殆ど圧倒的の勢い」[25]にあった。

大戦末期から講和会議当時を最絶頂として、爾来華府《ワシントン》会議に到る迄、日本国内の言論界は、殆んど日本誹謗、日本「袋叩き」の為めの英米排日言説の受け売り宣伝によって全く狂態を演じていた。当時ラインシュや、ランシングや、米国政治学者の言説を其侭に翻訳して「英米の日本非難斯の如し。英米其他世界に日本を誤解せしめた罪は唯だ軍閥官僚に在る」と喰って掛ったのは、日本の人気学者諸君であった。[26]

一方国際連盟協会は、朝野の名士を集めて組織(一九二〇年四月)され、一般知識階級に国際主義を鼓吹し、帝国教育会長沢柳政太郎博士(一八六五―一九二七)は「人類の奉仕すべきは国際であって国家でない」とまで放言するに至り、教育界にまで反日本主義的思想が鼓吹されたのである。[27]

かかる認識において、綾川は、以下のように推断した。

もう既に、不可分の米英《アングロ・サクソン》は、人種敵国日本に対して、「侵略戦の前衛」――不可視の軍事行動（Psychological Operations：PSYOP）を開始している。(28) 事実、日本国内では、尾崎行雄（一八五八―一九五四）、田川大吉郎（一八六九―一九四七）、姉崎正治（一八七三―一九四九）、吉野作造など、国外では、杉村陽太郎(29)（一八八四―一九三九）など、白人側に使嗾された「欧米文化心酔崇拝者流《リベラル》」の学者・言論人・政治家・外交官によって、国際協調主義およびその変奏である国際平和主義が、「世界の大勢」という謳い文句のもと、盛んに喧伝されているではないか。

漫然と「現代は国際主義、世界主義、非国家主義、非軍国主義の時代である」というが如きは、純然たる形式的解釈である。国際連盟が、「国際紛議を戦争の手段に訴えない」ということを規定したから、「戦争は犯罪である」と論ずるが如きは、最も幼稚なる典型的なる形式的解釈である（斯る解釈をなす東京帝国大学法学部助教授あるは驚くべきである）。(30)

国際協調論者は、自分たちの高唱する国際協調・国際平和が、現実には、「主義其者とは全然反対の目的」、すなわち自国民の戦意と活力を去勢し、武力的に弱体化させるための「予備的戦術の手段」として利用されていることを、どこまで自覚しているのであろうか[31]。「正義」、「人道」、「自由」、「平等」、「博愛」、「友誼」……彼らが好んで用いるこれら福音的言辞は、「宛も肺の病菌が知らず識らずに呼吸器を侵すが如く」に、一国の国民精神を弛緩せしめ、自虐と隷従――「先づ外国を攻撃するより前に日本自ら反省すべきである……他から征服されることは構わないが、他を征服することはいけない[32]」――へと導いてゆくのだ。

こうした綾川の見解に裏付けを与えた一つの傍証として、イギリスの元情報官スティード(Henry Wickham Steed, 一八七一―一九五六)の言葉がある。一九二一(大正一〇)年一一月、スティードは、首席全権としてワシントン会議にのぞむバルフォア伯爵(Arthur James Balfour, 一八四八―一九三〇)および英外務省、軍当局に対し、英国の極東アジア・太平洋地域戦略に関する「覚書」を、内々で配布した。そのなかで、特に強調したのが、「いかなる侵略的行動に対しても、大英帝国はこれに敵対する立場を取るであろうと、日本に明確に知らしめること」ならびに「日本の穏健な政治勢力を増大させ、彼らが自国参謀本部(広義の軍部)

の動きを抑制するよう援助すること」の重要性であった。(33)

第一次世界大戦中は、ノースクリフ子爵（Viscount Northcliffe, Alfred Harmsworth, 一八六五―一九二二）率いる対敵宣伝局（Department of Propaganda in enemy countries）に所属し、イタリア戦線での反墺《オーストリア》宣伝工作に多大な成果を挙げたスティードだけに、(34)彼の献策は、当初はまだ日本との同盟関係に未練を残していた英国政府の方針転換に、何らかの影響を与えたものと思われる。しかして、結果的にではあるが、ワシントン会議は、彼の指針――日本（軍部）の野心は、該地域における英国の利益と両立し得ない(35)――に沿ったかたちで閉幕し、四ヶ国条約の成立により日英同盟は解消され、海軍軍縮問題でも、英米側は、大方の国内世論の支持や国家財政上の懸念（無制限建艦競争の愚）等を背景に協調姿勢を堅持した加藤友三郎（一八六一―一九二三）、幣原喜重郎ら日本側全権から、一定の譲歩（五・五・三比率）を引き出すことに成功したのである。(36)

件の「覚書」――スティード自身が一九二四（大正一三）年に出版した回想記のなかで内容を明らかにした――について、綾川は、親友の中谷武世(37)から教示を受け、「白人の世界支配を擁護する為めの平和主義国際主義宣伝の武器」(38)を、一層確信したものであろう。

なお余談だが、東西冷戦期、スイス連邦法務警察省が発行し一般家庭に配布した冊子『民間防衛』（*Zivilverteidigung*, 1969.）には、綾川の主張をそのままなぞったかのような一節があり、興味深い。

敗北主義――それは猫なで声で最も崇高な感情に訴える。――諸民族の間の協力、世界平和への献身、愛のある秩序の確立、相互扶助――戦争、破壊、殺戮の恐怖……。そしてその結論は、時代おくれの軍事防衛は放棄しよう、ということになる。新聞は、崇高な人道的感情によって勇気づけられた記事を書き立てる。学校は、諸民族との間の友情の重んずべきことを教える。教会は、福音書の慈愛を説く。この宣伝は、最も尊ぶべき心の動きをも利用して、最も陰険な意図のために役立たせる。(39)

三　反共ネットワークの構築

国際協調主義と並行して、一九二〇年代の綾川武治が専心その根絶に取り組んだのは、いうまでもなく共産主義である。

露国は、今日に於て社会主義的国家なりと称するとも而して露国の政治的首長レニンが、社会主義者の尊敬すべき同志たりとも、国際的見地なり《（ママ）》すれば、彼等が大地主たることは、昔時魚売たりし大倉喜八郎（一八三七―一九二八）、貧書生たりし加藤高明（一八六〇―一九二六）が無産階級より見て富豪たると何等選ぶ所なきは明らかなる事理である。西伯利亜《シベリア》は、旧ロマノフ露西亜《ロシア》が、窃盗強盗によって奪略した贓品《ぞうひん》である。此の贓品の上に坐して、人道主義、社会主義とは、噴飯に堪えない滑稽事である。[40]

新聞『日本』入社（一九二六年四月）以降、右派ジャーナリストとして、対立する左派の動向――福本和夫（一八九四―一九八三）を理論的指導者とする日本共産党の再建（一九二六年一二月四日）、大学・専門学校など高等教育機関におけるマルクス＝レーニン思想の浸潤、各地で激化の一途を辿る小作・労働争議と暗躍する争議ブローカー、等々――を、実地でつぶさに取材・見聞するようになった[41]綾川は、旧来以上に、社会主義就中共産主義に対する敵意と警戒心を増幅させていった。

一九二七（昭和二）年一一月二三日（新嘗祭《にいなめさい》当日）、綾川は、新聞『日本』の「助成」[42]を受けて、猶存社―行地社以来の同志満川亀太郎、中谷武世、帝大興国同志会以来の知友太田耕造、天野辰夫、国本社を通じて識り合った地方在住（長野県下伊那郡）の畏友森本洲平（一八八五―一九七一）と中原謹司（一八八九―一九五一）、異色の日本主義―桃太郎主義の創始者渥美勝（一八七七―一九二八）らと、全日本興国同志会を組織する。[43][44] 民間では初となる全国的愛国―反共ネットワーク構築の試みである。滑り出しは順調で、世話人として準備段階から「独り奔走」した綾川の呼びかけに応え、北は札幌から南は熊本まで、全国から大小さまざまの国家主義・日本主義団体――呉興国青年会、和歌山興国青年会、裏日本興国青年連盟、下越憂国青年連盟、下伊那国民精神作興会、実行社（下伊那）、成田修養会、気仙沼大気社、弘前旭光義盟、浜松日本主義労農同志会、正気会（浜松）、新日本建設同盟（熊本）、湖国青年連盟（大津）、日本金鶏堂（名古屋）、静岡青年国本社、日本思想研究会（名古屋）、農大一志会、埼玉興国会、等々――が加盟し、その数は最大「五十に達し」たという。[45]

全日本興国同志会は、その「綱領」[46]に、「一、建国の理想を恢弘し、民族無窮の発展を長養す」、「一、一君万民の国性を政治組織に実現す」、「一、上下融和国気一家の風を社会制度に反映す」、「一、国民経済の繁栄を郷村自彊の根基の上に促進す」、「一、有色民族の崛起運動に協力し、国際資源の衡平、人口移動自由の原則の上に新世界秩序を創建す」の五項目を掲げ、機関紙『日本主義運動』や各種印刷物の発行[47]、定期開催の全国大会[48]、各支部（加盟団体）主催の講演会、等々、反赤化をメインとする、草の根レヴェルの啓蒙活動を行なった。綾川自身も、「同志会の為めに、或は弘前、気仙沼、新潟、秋田、関西、九州方面にまで自分は満川（亀太郎）さんと一緒に講演して回った」という[49]。

だが、一旦燎原の火の如く拡散したイデオロギーを消し止めるのは容易ではなく、官憲当局の二次にわたる総検挙（一九二八年三月一五日、一九年四月一六日）によって打撃を受けた日本共産党も、佐野学、市川正一（一八九二―一九四五）、鍋山貞親（一九〇一―一九七九）ら党首脳は獄中闘争の構えを崩さず、地下に潜行した田中清玄（一九〇六―一九九三）ら若手幹部は残存分子を率いて過激な武装行動路線を採る（一九二九年七月～三〇年七月）など、国内のマルキストの勢いは一向に衰える気配を見せなかった[50]。

そうした状況において、全日本興国同志会の反共言論も、必然的にエスカレートしていった。特に、「日本主義派の戦闘教程[51]」として綾川が書き下ろし、第二次総検挙（四・一六事件）の前日に発行された『共産党運動の真相と毒悪性』は、そのタイトルが示す通り、鮮烈であった。

同書のなかで、綾川が格別強調したのは、以下の二点である。まず第一に、日本国民にとっての共産主義とは、「君主制の廃止」、「ソヴィエト・ロシアの防衛」、そして「国外帝

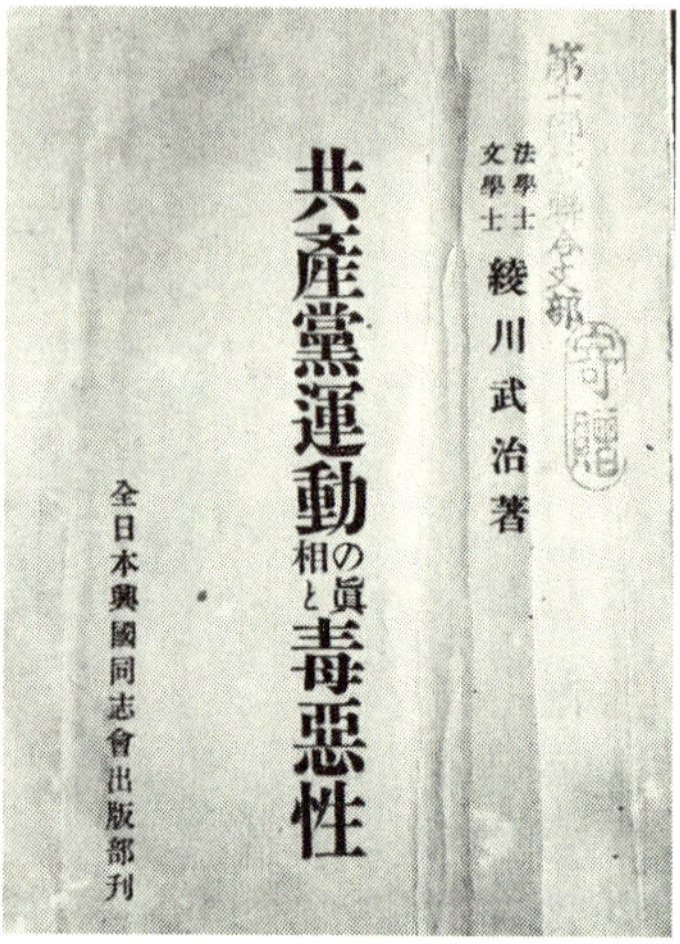

『共産党運動の真相と毒悪性』
（1929年4月刊）

国主義戦争への転化」（内乱戦術）を眼目とし、「天皇中心政治を本体とする我が日本国体を変革し、政権欲の権化たる共産党幹部専制の、共産党自己中心の政治を打ち建てんとする非望を有す」る「売国奴」の思想に他ならない。(52)

我が日本の歴史に於て、多くの叛逆者があった。或は平の〔マヽ〕将門、或は足利尊氏等がそれ等である。けれども、彼等と雖も、決して日本の独立性を失わしめんと迄したものはなかった。足利義満、足利義政等は財を得んとして、明の封冊を受けた。けれどもそれは単に名目だけのものにすぎなかった。然るに我が日本今日に於る共産主義者等は、名実共に我日本を労農ロシアの隷属国たらしめ、日本国家の独立性を失わしめんとするのである。(53)

第二に、マルクス主義者が金科玉条とする階級闘争および労働者国際主義《プロレタリア・インターナショナリズム》は、人種問題の視角に立てば、虚妄の論理――「万国の労働者断じて団結せず」[54]――でしかない。日本の社会主義者が好んで依拠するイギリスの哲学者ラッセル（Bertrand Russell, 一八七二―一九七〇）でさえ、「日本が社会主義国家となり、北米合衆国、濠洲が社会主義国家となっても、有色人排斥は止まないであろう」（*Proposed Roads to Freedom*, 1919.）と明言しているではないか。[55]つまるところ、汎プロレタリアの主張は、自然的な「有色人種対白色人種」という対立構図《アングル》を、人為的な「資本家対労働者」にすり替えて、白人世界支配の現状を瞞着し、有色人相互の連帯を妨げる、悪しき思想的方便に過ぎないのである。今後、両人種間の生活標準の格差が根本的に是正――それは「武力的戦争の手段によってでなければならない」[56]――されない限り、白人労働者が有色人労働者を「排斥」し「搾取」し続けるという「二大事実」もまた、永久に「艾除《がい》」されることはない。

白人労働者は、有色人労働者に比較して、格段に高い生活程度を維持しつつある。この高い生活程度こそは、四百年来有色人地方征略の結果であり、現在に於て有色人地方を支配している結果であり、マルクスの用語に従えば、有色人労働者を搾取しつつ

> ある結果に外ならないのだ。然らば、世界労働者間に、マルクス学説に従っても明かに搾取関係によって分割せらるべき階級が厳存しているではないか。而して被搾取階級にある労働者は、有色人労働者であり、東洋労働者は、此有色人労働者の大部分を占むるものではないか。……有色人は、その住域を白人によって奪われ、身自らは搾取の鉄鎖に繋縛せられつつあるのである。日本労働組合諸君がこの現状を其侭にして、（労働者）国際主義を認めるとすれば、諸君は、国内資本家の搾取だけを攻撃して、白人の搾取を肯定是認するという矛盾不合理を敢てするものでなければならない。(57)

因みに、マルクス経済学の基本概念の一つ「剰余価値」について、綾川は、別の冊子のなかで、次のように解説している。参考までにみておこう。

> この余剰《〔ママ〕》価値説即ち搾取説は、次ぎの結論である資本主義崩壊論と社会革命説との出発点をなす理論であり、マルクス主義理論体系中最重要地位を占めて居るとともに、また実際運動に於ても、労働者や不平家等を扇動して効果を挙げる最有効の理論的武器なのであります。けれども、それだけに理論の欠陥、即ち誤謬を多く含んで居

るのであります。（原文改行）第一、普通に企業上の利益と言われて居る利潤なるものを、余剰〔ママ〕価値として資本家が搾取の目的物として居るが如く説いて居るのは、経済学上の暴論であるばかりでなく、一般常識から言っても、無理も甚だしいと言わざるを得ないのであります。企業を行うに当っては、常に不景気、恐慌、天災等から受ける損害なり危険なりに対し、準備を怠ることが出来ないのであります。……そうした予備金なり積立金なりを蓄積することを搾取であると攻撃し、労働者に全部収得せしめよというのは、余りにも甚だしい利己主義の暴論であります。殊に経営の巧妙なる為めに利益を挙げたとすれば、その利益は、その巧妙なる経営者が当然収得して差支ないというのが、企業の常識であり、そうした通念から企業の仕事が成り立つという訳であります。[58]

同じ右派陣営から後々まで「名著[59]」と絶賛された、『共産党運動の真相と毒悪性』は、初版からおよそ二ヶ月で八刷を数え（以降も増刷）、この種の思想問題の専門家として、綾川の知名度を一気に高からしめた。わけても、兵営・軍艦や関係施設内に潜り込んだ「党細胞」の策動《オルグ》に頭を悩ます軍は、同書をまとめて購入し、全国の陸軍師管区―連隊区、海軍鎮守府―海兵団を通じて各部隊に配布して、現役兵や在郷軍人の精神教育に大いに活用したのである。

四　高次国防体制の確立をめざして

「有ゆる『嘘』の外面を剥ぎ尽して、有ゆる詭弁詭計を看破し尽し」て、「事実の実相、事象の実質、物の本質を検覈《かく》顧慮す」る。[60]

一九二〇年代の綾川武治の言論は、公開された情報資料（Open Source Intelligence：OSINT）を読み解き、「敵国の間諜を働く売国者謀反人を発見」[61]するという、今日的にいえば、情報分析官―シヴィリアン・インテリジェンス・オフィサーの役割を自発的に担ったものであった。国際協調主義者、自由主義者をはじめに、共産主義者、無政府主義者、キリスト教社会主義者――「基督教《キリスト》の本質たる精神上の自由、博愛、平等の言等を殊更に政治上、経済上の現実的な問題に結びつけて、信仰心を利用して巧に社会主義宣伝の具に供する徒輩」[62]――、等々、これらの存在を、綾川は、独自の調査・分析によって「日本国家崩壊を策する内敵」[63]として次々と論断し、その危険性を、所属する団体の誌面・紙面や小冊子、講演会などを通じて、熱心に社会一般に訴えかけていった。

新国策への発程に当って第一に断行すべきは、此の内敵の克服剿滅《そうめつ》でなければならぬ。此の計策に於て誤らんか、有色人解放は愚か、更に国家改造を行う能わざるのみか、実に日本国家自体が存立を危くするの外はないのである。(64)

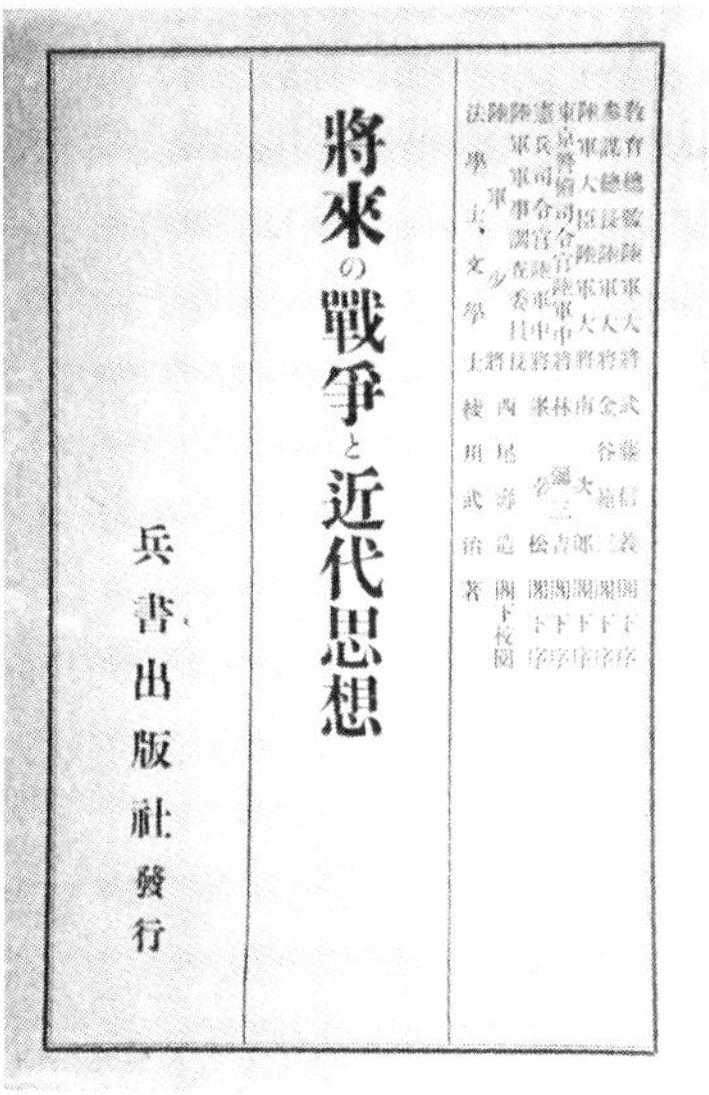

『将来の戦争と近代思想』
(1931年6月刊) 外箱

その上で、綾川は、「将来の戦争」を「国家総動員を以て、全国家を挙げ」て戦い抜くためには、単に軍備の機械化・経済産業の合理化をはかるのみならず、精神・知性レヴェルでの高次元な国防体制の確立――「日本国家の戦闘的組織への大改造断行」(65)――が必要不可欠であると思い至り(66)、その理論形成にも率先取り組んだのである。

綾川の高次国防理論は、最終的に、陸軍省軍事調査委員会の校閲を経て、『近代思想と軍隊』（一九二九年一月刊）と『将来の戦争と近代思想』（一九三一年六月刊）の、二つの著作にまとめられた。前書には、陸軍大臣白川義則（一八六九—一九三二）、参謀総長鈴木荘六（一八六五—一九四〇）、教育総監武藤信義（一八六八—一九三三）、後書には、同武藤信義、参謀総長金谷範三（一八七三—一九三三）、陸軍大臣南次郎（一八七四—一九五五）、東京警備司令官林弥三吉（一八七六—一九四八）、憲兵司令官峯幸松（一八七三—一九五八）と、いずれも陸軍の錚々たる顕官が序文を寄せており、期待の高さが伺われる。なかでも、内地の憲兵を統括する峯幸松陸軍少将は、前書を熟読研究したとみえ、一九二九（昭和四）年一二月に憲兵司令部警務第一課に思想研究班を設置し(67)、またラジオ講演でも、綾川の論そのままに、

欧州大戦の結果と最近に於ける国際関係の趨勢に鑑み将来戦を予想致しまするに、戦争の範囲は愈々拡大せられまして、独り戦場に於ける武力と武力の闘争のみに止まらず、……今日に於ては、戦時は勿論のことでありますが、既に平時より所謂思想戦、経済戦が行われて居るものと見なければならぬのでありまして、従って軍の存立並安

寧秩序の維持に任ずべき憲兵の業務に於ても、亦此の変化に伴うて力の入れ所を変えて行かねばならぬのであります。即ち従来は主として軍人の非違犯罪の警防のみを以て足れりとした業務は比較的単純でありますが、今日に於ては斯様な狭い範囲の仕事を以て甘んずることは出来ぬ様になったのであります。(68)

と述べ、思想戦・経済戦など戦争形態の多様化と、それに伴う憲兵の任務権限の拡充について、国民の理解を求めている。

『近代思想と軍隊』と『将来の戦争と近代思想』のなかで、綾川は、特に、第一次世界大戦中の連合国による大規模な反独プロパガンダ攻勢、ならびにリープクネヒト（Karl Liebknecht, 一八七一－一九一九）、ルクセンブルク（Rosa Luxemburg, 一八七一－一九一九）らの非戦・反軍運動を詳述し、それらがいかにドイツ国内の継戦意志を減殺せしめ、結果として、労兵レーテ革命の勃発（一九一八年一一月三日）と拡散、そして屈辱的な講和条約の調印（一九一九年六月二八日）につながったかを、力説している。

開戦前の思想戦に於て、交戦せんとする当事国の最も努力せざるべからざるは、国論の統一であり、これを妨害する一切の言論行動を抑止することである。……平和主義は、無条件件戦争反対の態度に出づべく、社会主義の運動は、帝国主義戦争反対を標榜して、如何なる戦争をも帝国主義戦争なりとして、労働者を扇動し後日彼らを利用して国内的に勢力を張らんことを策するであろう。[69]

しかして、綾川は、日本としても将来同様の轍――背後からの一突き――を回避すべく、法制と機構の両面から、さまざまな試案を提示してみせる。

①関係法規の整備：「内敵（内部間諜）」に対し「日本退去、而して外国移住乃至帰化」を勧奨・強要する「国外放逐刑」の制定。[70] 軍機保護法など現行法の不備（適用範囲が極めて限定的）を補完する「間諜取締に関する法令」の発布。[71] 等々。

②思想戦（宣伝戦・間諜戦）を有機的に遂行するための各種機関の設置：ロイターやＡＰなど「外人の異った見解や脚色されたる通信」を介さずに[72]情報を獲得・供給する「世界的通信機関[73]」。「各官庁自家の利益に囚わるるの弊害」を超えて「国家的の大宣伝」を「統一

初の全国防諜週間（1941年5月12～18日）中の東京

して実施」する「高等中央官庁」(74)。「革命の煽動支援」や「非戦運動」など「間諜の行う凡ゆる国軍及び国家破壊の陰謀を探知暴露」し「破壊して無効に帰せしむ」ることを任務とする「官民合同」の「逆間諜《カウンター・インテリジェンス》組織」(75)。等々。

これらのうち、①については、じっさいに綾川は、後の代議士時代、委員として、「不穏文書等取締法案」の審議（第六十九回帝国議会、一九三六年五月二四、二五日）および「軍機保護法改正法律案」の審議（第七十回帝国議会、一九三七年三月二九、三〇日）に加わっている(76)。②については、後の同盟通信社（一九三六年一月業務開始）や、（内閣）情報委員会(77)（一九三六年七月設置）、陸軍省兵務局警務連絡班(78)（一九三六年秋頃設置）、後方勤務要員養成所[79]（一九三八年七月開所）などを先取りしたものとして、それらの構想・実現に携わった者たちに、何らかの示唆を与えた可能性も考えられよう。

綾川の二つの著作は、それまで思想戦（宣伝戦・間諜戦）の重要性を総体としてさほど顧慮していなかった軍部にも一定の刺激を与えたと思われ、陸軍では、満洲事変勃発（一九三一年九月一八日）以降の国内事情——社会一般における反軍運動件数の激増[80]、外国からの渡航者・軍事関連視察者の増加等[81]——とも相まって、省部エリートの一人田中清歩兵少佐（東京帝大陸軍派遣学生、一八九六—一九八八）が『思想戦の研究』なる冊子をまとめたのを皮切りに[82]、植木鎮夫憲兵中佐（一八八八—没年未詳）が憲兵の専門雑誌『憲友』に「間諜戦に就て」なる記事を連載[83]、更には、陸軍将校の専門雑誌『偕行社記事』でも何度か特報・特集号が出されるなど[84]、思想戦術に関する理解と研究は、漸次深められていった。

また、アメリカの元情報官ヤードレー（Herbert Yardley, 一八八九—一九五八）の『ブラック・チェンバー』（*The American Black Chamber*, 1931.）の刊行以来[85]、機密保持に神経をとがらせる海軍でも、本省の教育局が綾川に思想戦対策要綱の執筆[86]を依頼するなど、部内の防諜意識向上に必要な知識の吸収に努めている。

小結

一九二〇年代における綾川武治の思想営為は、単に、第一次世界大戦後の国際秩序の在り方（ヴェルサイユ＝ワシントン体制）を否定するだけでなく、次なる世界戦争・新国際秩序を明確にみすえた「日本将来の根本国策」[87]にまでふみ込んだところに、特色があった。そこに先見的に示された高次国防─思想戦の文脈は、やがてひとり歩きをはじめ、一九三〇年代から四〇年代前半にかけて、さまざまに変奏を重ねながら──「米英の悪勢力はすでに東亜共栄圏から一掃されましたけれども、それは形の上のことです。前に述べたように根強く喰い込んでいた心の中の敵はまだまだ追い出せないでいる。日本人の心の中には、米英的思想の悪影響が、いまなお残っているのです」[88]──国民各層にあまねく浸透していくことになるのである。[89]

【註】

（1）本書〔巻末資料・1〕参照。

（2）杉山肇、伊藤信哉「米田實の対米認識」、長谷川雄一編著『大正期日本のアメリカ認識』（慶應義塾大学出版会、二〇〇一年五月）二〇一頁。澤田次郎『徳富蘇峰とアメリカ』（慶應義塾大学出版会、二〇一一年三月）三六七―三七一頁。

（3）一記者「綾川武治君の新著『人種問題研究』を評す」、『外交時報』第四九四号（一九二五年七月一日）一六二頁。

（4）なお、「白色人種（Caucasoid）」、「有色人種（Mongoloid,Negroid,Australoid）」という言葉について、綾川は、決して漫然と使っているわけではなく、「人種（Race）」の学術的定義・分類や、「民族（Nationality）」、「種族（Species）」など類似概念との弁別を、丁寧に確認した上で用いている。綾川「総説」、『人種問題研究』（一九二五年、倉橋書店）一―一六頁。

（5）綾川「国際的に見たる生活標準問題」、『経済資料』第一一巻七号（一九二五年七月）九〇頁。

（6）生活標準とは、「一定の社会、一定の時代に於て、個人若くは集群が、生理的及び慣習的に、必要としつつある生活資料の平均消費量」をいう。綾川「国際的生活標準闘争論」上、『外交時報』第五〇三号（一九二五年一一月一五日）六九頁。

（7）綾川「生活帝国主義」上、『外交時報』第五三八号（一九二七年五月一日）五〇頁。

（8）綾川「生活帝国主義」下、『外交時報』第五四一号（一九二七年六月一五日）六〇頁。

（9）綾川「生活標準問題研究」、『経済資料』第一三巻一号（一九二七年一月）六四頁。

(10)綾川「人種隔離問題」、『外交時報』第六四三号(一九三一年九月一五日)一五三頁。

(11)綾川「排日真因隠蔽の諸勢力を論じ排日対策に及ぶ」、『東洋』第二七巻七号(一九一四年七月)七四、七五頁。同「国際生存権の強調」上、『我観』第七一号(一九二九年一〇月)三三頁。

(12)綾川「白濠主義研究」八、『外交時報』第四四二号(一九二三年四月一日)二一三頁。

(13)綾川「国際生存権の強調」下、『我観』第七二号(一九二九年一一月)三八頁。

(14)綾川「総説」、前掲『人種問題研究』六〇、六一、一〇四、一〇五頁。

(15)綾川「民族・民族闘争及世界革命」、『解放』第四巻一号(一九二二年一月)一七七頁。

(16)綾川『近代思想と軍隊』(兵書出版社、一九二九年一月)五三九頁、( )内引用者。

(17)綾川前掲「排日真因隠蔽の諸勢力を論じ排日対策に及ぶ」六二頁。

(18)綾川「総説」、前掲『人種問題研究』一〇六頁。

(19)大塚健洋『大川周明と近代日本』(木鐸社、一九九〇年九月)一一七、一一八頁。澤田次郎『近代日本人のアメリカ観 日露戦争以後を中心に』(慶應義塾大学出版会、一九九九年一一月)二八四、二九九頁。澤田秦郁彦「日米対立の史的構図」、『政経研究』第四七巻四号(二〇一一年三月)一四〇、一四一頁。澤田前掲『徳富蘇峰とアメリカ』三七〇―三七三頁。この時期の日米必戦論について、「あの戦争が不可避になったのは、不可避だという歴史像を持ったためである」という、三輪公忠の指摘は極めて重要である。三輪「徳富蘇峰の歴史像と日米戦争の原理的開始 大正十三年七月一日、排日移民法の実施をめぐって」、

芳賀徹他編『講座比較文学 五／西洋の衝撃と日本』（東京大学出版会、一九七三年一〇月）二〇五頁。
(20) 前掲「綾川武治君の新著『人種問題研究』を評す」一六〇頁。
(21) 綾川前掲「民族・民族闘争及世界革命」一七七頁。
(22) 樗牛『時代管見』（博文館、一八九九年一月）一八頁。澤田前掲『近代日本人のアメリカ観』二九四—二九八頁。橋川文三『黄禍物語』（岩波書店、二〇〇〇年八月）七〇—七三頁。
(23)『我が闘争』（*Mein Kampf*, 1925,1927.）「第一部 第一一章」、「第二部 第一三章」等。
(24) 綾川『満洲事変の世界史的意義』（大陸国策研究所、一九三六年九月）二三七、二三八頁。
(25) 綾川「序」、前掲『人種問題研究』二頁。
(26) 綾川「総説」、前掲『人種問題研究』八八頁。
(27) 綾川「純正日本主義運動と国家社会主義運動」、『経済往来』第九巻三号（一九三四年三月）四二、四三頁、（）内引用者。
(28) 畠山清行によれば、「国際間の秘密戦」では、「敵側の勢力を、策略をもって、二つに分割操縦するのが常套手段」であり、「金力よりも、思想戦、心理戦に重点をおいて、敵陣営を『敵、味方、中立』の三派に分割し、その中立派を思想戦や、恐怖心を抱かせる心理戦でしだいに切りくずして、味方をふやすという方法をとる」ところに特徴があるのだという。畠山『秘録 陸軍中野学校』（新潮社、二〇〇三年八月）一九三、一九四頁。

（29）綾川から「外務省伝統の欧米畏敬追従主義の遵守者」の「其尤なるもの」と評された杉村は、国際連盟協会の発起人の一人であり、一九二七（昭和二）年には、新渡戸稲造の後任として国際連盟事務次長に就任している。綾川前掲「排日真因隠蔽の諸勢力を論じ排日対策に及ぶ」六九頁。国際連盟協会については、以下の文献を参照。緒方貞子「国際主義団体の役割」、細谷千博他編『日米関係史　開戦に至る一〇年（一九三一―四一年）』第三巻（東京大学出版会、一九七一年九月）。池井優「日本国際連盟協会―その成立と変質―」、『法学研究』第六八巻二号（一九九五年二月）。岩本聖光「日本国際連盟協会―三〇年代における国際協調主義の展開―」、『立命館大学人文科学研究所紀要』第八五号（二〇〇五年三月）。等々。

（30）綾川「労農露西亜に対する実質的解釈」、『東洋』第二八巻三号（一九二五年三月）一六頁。文中の「法学部助教授」とは、国際連盟協会機関誌『国際連盟』の主要論客の一人であった国際法学者横田喜三郎（一八九六―一九九三）を指すものと思われる。

（31）綾川前掲「排日真因隠蔽の諸勢力を論じ排日対策に及ぶ」六五頁。

（32）綾川前掲「排日真因隠蔽の諸勢力を論じ排日対策に及ぶ」五一、六六頁。

（33）H.W.Steed,*Through thirty years,1892-1922 : a personal narrative* (Doubleday, Page & Company,1924), pp.369-371. 中谷武世『世界の今明日　第四巻／印度と其の国民運動』（平凡社、一九三三年七月）一八六―一八九、一九四―一九六頁、（ ）内引用者。

(34)大戦後は、タイムズの編集長に就任し、反ユダヤ主義に基づく有名な偽書『シオンの長老たちの議定書』(*The Protocols of the Elders of Zion.*)について読者の誤解を招くような社説を掲げたり、日英同盟解消キャンペーンを展開するなど、各方面にさまざまな議論を提起していた。スティード『理想の新聞』(*The Press*, 1938. 浅井泰範訳、みすず書房、一九九八年五月)三一八、三一九頁。澤田前掲『徳富蘇峰とアメリカ』五〇八頁。

(35)Antony Best, "The 'ghost' of the Anglo-Japanese Alliance : an examination into historical myth-making." *The Historical Journal*, 49(3), Cambridge University Press, 2006, pp.818, 827.

(36)伊藤隆『昭和初期政治史研究―ロンドン海軍軍縮問題をめぐる諸政治集団の対抗と提携―』(東京大学出版会、一九六九年五月)四四七―四五二頁。麻田貞雄「ワシントン会議」、外務省外交史料館日本外交史辞典編纂委員会編『日本外交史辞典』(大蔵省印刷局、一九七九年三月)一〇二八―一〇三二頁。横山隆介「ワシントン会議と太平洋防備問題」、『防衛研究所紀要』第一巻二号(一九九八年一一月)一一八、一二三、一三四頁。杉山、伊藤前掲「米田實の対米認識」一九九、二〇〇頁。

(37)中谷自身は、次のように分析している。「彼は、日本の自由主義者、自由主義的支配者層に働きかけることが、彼の所謂日本の参謀本部中心の汎亜細亜政策にブレーキをかける、最も有効な途であることを逸早く看取していたのである。……華盛頓《ワシントン》会議に於ける作戦、倫敦《ロンドン》条約のカラクリ、日米の両虎を共に相食ましめんとする魂胆がひそんで居なかったかどうか。……」。中谷前掲『印度と其の国民運動』

一八七、一八八、一九五頁。
(38) 綾川前掲「排日真因隠蔽の諸勢力を論じ排日対策に及ぶ」七六頁。
(39) スイス政府編『民間防衛』(原書房、二〇〇三年七月) 二三二頁。
(40) 綾川「人口問題の根本的解決策」、『大民』第八巻五号(一九二二年五月) 一八頁、( ) 内引用者。北一輝も「ヨッフェ君に訓ふる公開状」(一九二三年五月九日擱筆) のなかで、「ロマノフ皇帝の領土継承権」を主張する一方で帝政時代の「国際債務」を認めようとしないソ連政府(一九二二年一二月三〇日建国宣言) のやりようは「辻強盗の言掛りを社会主義国家の名に於て宣伝」するものとして、綾川と似たような表現で、痛烈に非難している。『北一輝著作集』第二巻(みすず書房、一九五九年七月) 四〇〇頁。
(41) 小松光男編『日本精神発揚史(日本新聞十周年記念)』(日本新聞社、一九三五年四月) 六二、八三、六九頁。
(42) 小松前掲『日本精神発揚史』七七頁。
(43)「神政維新」の旗印のもとに、国民みずから、記紀神話に基づく日本人本然の原初的生命観・使命感にめざめ、民話「桃太郎」のごとき純一無雑の精神性を体して皇道聖業翼賛に邁進すべしという、浪漫的・観念的な右派思想である。津久井龍雄『日本国家主義運動史論』(中央公論社、一九四二年五月) 七六頁。橋川文三『昭和維新試論』(朝日新聞社、一九八四年六月) 五〇―六五頁。
(44) 木下半治『日本国家主義運動史』(慶應書房、一九三九年一〇月) 六五頁。須崎慎一「地域右翼・

ファッショ運動の研究―長野県下伊那郡における展開―」、『歴史学研究』第四八〇号（一九八〇年五月）二五頁。須崎慎一「史料紹介―森本洲平日記（抄）―（一〇）（一九二七（昭和二）年四―八月）」、『神戸大学教養部論集』第四五号（一九九〇年三月）八四、八五頁。同「史料紹介―森本洲平日記（抄）―（一一）（一九二七（昭和二）年九―一二月）」、『神戸大学教養部論集』第四六号（一九九〇年一〇月）八五頁。長谷川雄一他編『満川亀太郎日記　大正八年〜昭和十一年』（論創社、二〇一一年一月）九九頁。なお、同時期、森本洲平は、日記に「綾川氏も博士論文と研究と日本新聞と生活とに多忙を極め居らるるを見る」（一九二七年一一月一〇日）と記している。その後、綾川が学位を取得した形跡はなく、博士論文は結局提出には至らなかったものであろう。須崎前掲「史料紹介―森本洲平日記（抄）―（一一）（一九二七（昭和二）年九―一二月）」八一頁。

（45）綾川前掲「純正日本主義運動と国家社会主義運動」四六頁。綾川「満川さんの諸印象」、『維新』第三巻六号（一九三六年六月）七八頁。中谷武世『昭和動乱期の回想　中谷武世回顧録』（泰流社、一九八九年三月）二一七、二一八頁。

（46）木下前掲『日本国家主義運動史』六六頁。

（47）それらのほとんどは、綾川が執筆した。本書〔巻末資料・1〕参照。

（48）森本洲平は、ある年の大会の模様を、日記に「午後一時青山神宮講本部にて（全日本）興国同志会全国大会あり、……会するもの和歌山、呉、越後、静岡等より会し六七十名あり、余は座長に推されて議事を進行せしめ各地よりの議案は重要なるものは委員附託にせり、高等学校及大学の学生等の有望なる青年と会するを得たり、……」（一九二九年二月一六日）と記している。須崎慎一「史料紹介―森本洲平日記（抄）――（一四）（一九二九（昭和四）年一―四月）」、『神戸大学教養部論集』第四九号（一九九二年三月）四九頁、（　）内引用者。

(49)綾川前掲「満川さんの諸印象」七八頁、（　）内引用者。中谷前掲『昭和動乱期の回想』一八五―一九六頁。

(50)P・ランガー、R・スウェアリンゲン『日本の赤い旗　日本共産党三十年史（一九一五年―一九五一年）／明るみに出た思想戦の内幕』（*Red flag in Japan : international communism in action, 1919-1951*, 1952. 吉田東祐訳、コスモポリタン社、一九五三年五月）四九―六八頁。

(51)綾川「序」、『共産党運動の真相と毒悪性』（全日本興国同志会出版部、一九二九年四月）三頁。

(52)綾川前掲『共産党運動の真相と毒悪性』五三頁。

(53)綾川前掲『共産党運動の真相と毒悪性』七二頁。

(54)綾川前掲『共産党運動の真相と毒悪性』一七三頁。

(55)綾川前掲『共産党運動の真相と毒悪性』一八〇頁。

(56)綾川前掲『共産党運動の真相と毒悪性』一八六頁。

(57)綾川前掲『共産党運動の真相と毒悪性』一七九、一八一頁、（　）内引用者。

(58)綾川『『皇国現下の思想粛清準則』解説』（日本協会、一九四一年九月）二七、二八頁、（　）内引用者。

(59) 田鍋三郎他『愛国運動闘士列伝』(新光閣、一九三六年六月) 六頁。
(60) 綾川前掲「民族・民族闘争及世界革命」一六六頁。同前掲「労農露西亜に対する実質的解釈」一五、一六頁。
(61) 綾川『将来の戦争と近代思想』(兵書出版社、一九三一年六月) 一九二頁。
(62) 綾川前掲『共産党運動の真相と毒悪性』一五九頁。
(63) 綾川前掲「排日真因隠蔽の諸勢力を論じ排日対策に及ぶ」七八頁。
(64) 綾川前掲「排日真因隠蔽の諸勢力を論じ排日対策に及ぶ」七八頁。
(65) 綾川前掲「排日真因隠蔽の諸勢力を論じ排日対策に及ぶ」七八頁。
(66) 綾川前掲『将来の戦争と近代思想』二〇、二一頁。
(67) 大谷敬二郎『昭和憲兵史』(みすず書房、一九六六年四月) 五六四頁。
(68) 峯「憲兵創設五十年に際して」(於東京中央放送局、一九三〇年五月八日)、大谷前掲『昭和憲兵史』五八三、五八四頁。
(69) 綾川前掲『将来の戦争と近代思想』一七〇頁。
(70) 綾川前掲『近代思想と軍隊』三七六頁。
(71) 綾川前掲『将来の戦争と近代思想』一七八、一八九頁。
(72) この点は、「自分が分析せねばならない資料を、まず他人に翻訳してもらわなければならないようなインテリジェンス・オフィサーは、結局翻訳をした人間に操られてしまう」（*Strategic Intelligence for American World Policy*,1949.）とした、アメリカの歴史学者ケント（Sherman Kent, 一九〇三—一九八六）の知見に通ずる。北岡元『インテリジェンスの歴史　水晶玉を覗こうとする者たち』（慶應義塾大学出版会、二〇〇六年九月）二〇九頁。

(73) 綾川前掲『近代思想と軍隊』四七五頁。

(74) 綾川前掲『近代思想と軍隊』四九六頁。

(75) 綾川前掲『将来の戦争と近代思想』一九〇、一九四頁。

(76) 前法案は会期中に成立し、不穏文書臨時取締法として公布（一九三六年六月一五日）。後法案は翌七十一回議会にて成立し、（改正）軍機保護法として公布（一九三七年八月一四日）。

(77) 内閣情報部（一九三七年九月）、情報局（四〇年一二月）へと順次改組発展。

(78) 秘匿名「ヤマ」。一九四〇（昭和一五）年八月、陸相直轄の軍事資料部へ拡大再編。

(79) 一九四〇（昭和一五）年八月、陸軍中野学校と改称。翌年一〇月、参謀総長直轄の実施学校となる。同所の教育といえば、潜入や盗聴、破壊工作などの術科が有名だが、「宣伝勤務」、「国体学」、「思想労働問題」、「心理学」、「新聞学」など、思想戦関連の科目も充実していた。「後方勤務要員養成所乙種長期第一期学生教育終了ノ件」、『陸軍省密大日記　昭和十四年第九冊』（国立公文書館アジア歴史資料センター、http://www.jacar.go.jp / C01004653900）。伊藤貞利『中野学校の秘密戦』（中央書林、一九八四年

四月）一五五―一五八頁。佐藤卓己『言論統制　情報官・鈴木庫三と教育の国防国家』（中央公論新社、二〇〇四年八月）二七八―二八一頁。

（80）平野豊次憲兵少佐（生年未詳―一九四五）の調査（一九三四年五月）によれば、「……三九四件（一九二八年）、一〇五五件（一九二九年）、一三九八件（一九三〇年）、一九〇五件（一九三一年）、二四三七件（一九三二年）、一六九四件（一九三三年）……」と、なっている。大谷前掲『昭和憲兵史』六二一、六三二、六三七頁。

（81）林武他「研究ノート　陸海軍の防諜―その組織と教育―」、『防衛研究所紀要』第一四巻二号（二〇一二年三月）九一、九九、一〇〇頁。一九三三（昭和八）年には、コミンテルン乃至赤軍第四本部の指令を受けたゾルゲ（Richard Sorge, 一八九五―一九四四）とヴーケリッチ（Branko de Voukelitch, 一九〇四―一九四五）が来日、尾崎秀実（一九〇一―一九四四）らと協働して、諜報活動を開始している。

（82）一九三二（昭和七）年秋頃執筆。翌々年二月、『思想戦』と改題して、陸軍省軍事調査部より公刊。佐藤前掲『言論統制』二一九、二二〇頁。

（83）『憲友』第二七巻一―三号（一九三三年一―三月）。

（84）『偕行社記事』第七四一号（一九三六年六月）、特報第一六号（一九三六年一〇月）、特報第四〇号（一九三八年一一月）、第七七七号（一九三九年六月）。

（85）一九三一（昭和六）年八月、邦訳刊行。澤田前掲『徳富蘇峰とアメリカ』三八〇―三八三頁。

（86）『将来の戦争と近代思想』の主要部分を改稿し、『思想研究資料　第百九号／将来の戦争と思想戦』

（一九三四年一月）として印刷・部内配布された。本書〔巻末資料・3〕参照。

(87) 綾川前掲「排日真因隠蔽の諸勢力を論じ排日対策に及ぶ」七八頁。

(88) 谷萩那華雄「勝ち抜く生活の建設　日本婦人の魂に訴ふ」、『主婦之友』第二七巻一号（一九四三年一月）二二頁。

(89) 纐纈厚『防諜政策と民衆　国家秘密法制史の検証』（昭和出版、一九九一年一〇月）参照。一般でも、一九三〇年代中頃から、宣伝、防諜、情報など、思想戦関連の書籍が続々と出版されるようになる。占領史研究会編『総目録　ＧＨＱに没収された本』（サワズ＆出版、二〇〇五年九月）参照。

第四章　円熟期
――一九三〇年代～四〇年代前半――

一　純正日本主義対国家社会主義

共産主義等不穏思想撲滅のため、綾川武治の肝いりによって組織（一九二七年一一月）された全日本興国同志会は、結成以来、順調に活動を続けていた。

だが一方で、中谷武世や天野辰夫、中原謹司ら一部の会員たちは、「日本新聞などに立て籠り、日本主義の最右翼に立ち、共産党運動と戦いつつあったため、大分旧式の老人的頑固思想の持主であるかの観を呈し(1)」ていた綾川や、会の重鎮であった森本洲平らの主導による啓蒙・教化中心の運動形態に、次第に物足りなさを感じるようになり、ヒトラー・ナチス党のように[2]、より実践的な段階に入らんと、日本主義・国家主義を基調とする政党組織の可能性を模索し始める。なかでも、中谷は、「議会政治の醜態極に達し候節、ファッショをやるつもりに候[3]」と明言するなど、きわめて先鋭的な信条の持主であった。森本洲平の日記（一九二九年六月一二日）には、以下の記述がある。

日本新聞社に綾川氏を訪問す、氏と食堂にて語し（全日本）興国同志会委員会開催の旨を催促し中谷氏との中をよく調協〔ママ〕して回天の大事業に進まれん事をたのみ……次で中谷武世氏と銀座の茶店にて話す、氏の激越したる話と日本主義的進出の急務なる熱心なる態度とは感ぜざるを得ざるも其の運動方法に関しては現政府の先払をなすが如きは全く反対なりと論ぜり、兎に角綾川氏との間を調和して進まれんことを嘱して分れ……[4]。

当時既に、右派陣営には、「神話を愛し、之を基礎」とし「民族共同態の血統的事実に順拠して、理想国家を構図す」る「純正日本主義派」と、「多きを科学に求めて神話を基礎とせ」ず「社会科学の理論的根拠より国家を単位として理想的社会を志向し、之が実現達成を希求す」る「国家社会主義派」の、大きく分けて二つの路線が確立されており、それがために、「常に運動戦線の統一を阻害」せられるという問題を生じていた。(5)

純正日本主義派の確信は、国家及び民族を統一的生命体と認識し、日本国家は、典型的の統一的生命体であり、一君万民の結合家族体である。従って国家改造には国民全体が参加せ〔ママ〕なければならぬとしている。……(6)

純正日本主義者として右派本流を自任し、思想的純潔にどこまでもこだわる綾川は、「民族主義をいうも、階級主義を捨て切れず、マルクス理論に立脚する階級闘争による改造策を実行せんとす」る国家社会主義者を、左派の「裏切者」にして右派の大同団結を妨げる「鵺《ぬえ》的の存在」とみなし、強い不信感を抱いていた。(7) もっとも、国家社会主義者にいわせれば、自分たちのいう「階級闘争」とは、「プロレタリアのヘゲモニー」を重視する「マルクス主義と全然異る」もので、「農民も商人も、在郷軍人団も、青年団も教師も官吏も軍人もサラリーマンも、みな一団にな」って、「国民搾取主義の上に立つ資本主義制度の止揚と、此の経済的搾取主義の基礎に密結せられた現在の政治機構の改廃」をめざすという、「正に国家主義完成のため」の「国内的闘争」を意味するとのことであったが。(8)

一九三〇（昭和五）年二月一一日、紆余曲折を経て、中谷、天野らは、右派無産政党・愛国勤労党――組織準備会の段階では名称は愛国大衆党であったが、「大衆」という語が、日本版ファシズムを志向する党の理想に合わない等の理由から「勤労」に変更された(9)――を結党する。党首は置かず、主なメンバーには、綾川、森本、中谷、天野、中原、満川亀太郎など全日本興国同志会のそれに加えて、新たに、鹿子木員信九州帝国大学教授、北昤吉、赤神良譲《あかがみよしつぐ》明治大学教授（一八九二―一九五三）、口田康信広島高等師範学校教授（一八九三―没年未詳）、社会運動家の下中弥三郎平凡社社長（一八七八―一九六一）と佐々井一晁《ささいかずあきら》（一八八三―一九七三）、更には、津久井龍雄（一九〇一―一九八九）、神永文三（一八九六―没年未詳）、大部周（生没年未詳）、小栗慶太郎（生没年未詳）ら、故高畠素之《たかばたけもとゆき》の思想血脈（国家社会主義）を継ぐ者たちが、連なった。(10)

党の「綱領」や「政策大綱」には、綾川や森本の意向――「マルクスボーイ式なる事、国家社会主義の気分盛えたる事等を主張し、之れか更正を迫り、……」(11)――をよそに、「天皇ト国民大衆トノ間ニ介在スル一切ノ不当ナル中間勢力ヲ排撃」、「全産業ノ国家的統制」、「華族ノ政治的並ニ経済的特権ノ廃止」、「貴族院ノ改革」、「資本主義的自由競争ノ制遏」、等々、革新的な文言が幾つも並び、「資本主義ノ傀儡タル特権政党ト国性ヲ無視セル（左派）無産政党」との対決姿勢が鮮明に打ち出された[12]。

愛国勤労党は、野党政友会や寺田稲次郎（一八九六–没年未詳）らの日本国民党（一九二九年一一月二六日結党）等と協調してロンドン海軍軍縮条約反対運動を大々的に展開し[13]、党員中原謹司を南信支部（一九三一年八月二七日発足）から長野県議選に立候補・当選（一九三一年九月）させるなど[14]、結党から一年余は、目覚ましい活動ぶりを見せつけた[15]。中谷と神永文三は、機関誌『勤労日本』（一九三〇年二月創刊）のみならず、新聞『日本』の論説委員[16]、整理部長という各々の立場を利用し、同紙面を通じて党の主張を盛んに発信していった。

さしも綾川も、みずからの足元における、そうした「新聞経営者側の反感」をもろに買うような中谷らのふるまい[17]には辟易し、中央常任委員でありながら党の運営にはほとんど関わらず、一九三一（昭和六）年頃には脱退し[18]、年来の盟友中谷、天野と袂を分かっている[19]。

二　右派ジャーナリストとして（その2）

一九三二（昭和七）年一月、かねて政界進出にも意欲を持っていた綾川武治は、来たる第十八回総選挙（第三回普選、二月二〇日）出馬のため、新聞『日本』の編輯局長を辞任する。[20]庇護者であった小川平吉の収監（五私鉄疑獄事件、一九二九年九月二六日）とそれに伴う経営幹部の異動、職制改革（一九三〇年三月）、前述愛国勤労党の件、等々により、新聞社内での立場が悪化していたことも、理由の一つであった。

総選挙には、埼玉県第二区（比企郡、秩父郡、児玉郡、大里郡）より無所属・中立で立候補（二月四日）し、一〇二五一票を獲得するも落選（五名中五位）、やむを得ず、社に復帰するも、同年八月、正式に退社――一説に「追い出された」[21]――し、一一月、請われて夕刊『帝国新報』の社長に就任する。[22]

元々、『帝国新報』は、石炭業界の情報紙として創刊（一九〇七年一一月三日）された旬刊の小新聞で、株式会社化とそれに伴う日刊化（一九一八年八月）を経て、昭和初期には政治紙化し、一九三二（昭和七）年九月頃からは、日本主義のジャーナリスト高杉京演を常任理事兼編輯局長として、南画家宅野田夫（清征、一八九五―一九五四）を顧問として迎え、[23]購読者増を期して紙面の更なる刷新をはからんとしていた。[24]

綾川の招聘については、重役会で一旦否決されるなど、帝国新報社内でも当初から相当な「経営者の内紛」――それがため、一時休刊（一〇月二〇日付）を余儀なくされた――があったようで、[25]結果的にまたしても綾川によって排除されるかたちとなった高杉京演は、憤懣やる方なく次のように書き連ねている。

私の日本新聞時代の先輩だった綾川武治君が、軍部との諒解の下に『帝国新報』を経営するというので大いに策動した。……綾川一派の『帝国新報』乗っ取り、敢えて乗っ取りという。……『帝国新報』の更生策については綾川君以前に、実は私のところに相談が持ち込まれていたのだ。今度『帝国新報』の総務局長になった渡辺剛君（生没年未詳）と、現経営者常務取締役久保祐三郎君（一八九〇―一九六八）とを裏切って綾川を擁立して『帝国新報』乗り込みを策した岩崎某が、渡辺君とともに、私のところにその相談を持ち込んできたのだ。……しかも綾川君は『帝国新報』を経営する事を事前に触れまわり、日本新聞社の食堂で百円札をふりまわし、「日本新聞は俺が叩き潰してやる。俺は『帝国新報』の社長だ」と豪語し泥酔して階段から転げ落ちたというではないか。憲兵隊に行って――「当分手を引くが、結局は私が経営することになります」[26]などと、ふれまわっているという、その狂態は何んと見るかである。……

意気揚々、『帝国新報』を再刊（一一月九日）し、責任者として全面的に「経営の衝に当たるようになった綾川[27]だったが、「身辺更に多事を極」め、みずからの「研究に没頭し得る寸暇もなき有様」に次第に嫌気がさし、就任一年有余で、内田良平（一八七四―一九三七）の側近で同じ右派系列の雑誌『回天時報』の社長でもあった池田弘（一八九三―没年未詳）を「好後継者」として、社長職を引き継いだ[28]（一九三三年一二月）。自身は名目上、取締役兼編輯顧問に落ち着いたものの、以降徐々に、ジャーナリズムの世界からは遠ざかっていったのである。

三　満洲にて

一九三四（昭和九）年二月、綾川武治は、法科大学の一期下で帝大興国同志会の僚友で

『我が大陸経営失敗の真相』
背表紙
（1935年7月刊）

もあった塩原時三郎の斡旋[29]で、大連の関東庁の嘱託および旅順工科大学の嘱託兼講師となり（いずれも高等官待遇）、翌月彼の地に渡った。当時塩原は、綾川とも親交のあった菱刈隆関東長官・関東軍司令官・駐満特命全権大使（一八七一―一九五二）の長官官房秘書課長をしており、綾川の招聘は菱刈の意向でもあった。

着任後早速、菱刈より、日本の満洲国育成・内面指導に供するための各種史料の編纂を命じられた――「我が国上古より、大陸に出兵し、大陸を経営するも、失敗の経験のみ多きが如し。今次満洲事変以来、相当大規模なる出兵を行い、大陸経営に着手し、不肖等その第一線の任に就ける次第なるも我が国をして過去の如き失敗を繰り返さしめんか、……されば、今日の急務は、我が大陸経営失敗の原因を究明し置くこととなり。……請う、直ちにこの問題の調査に着手せよ[30]」――綾川は、関東庁図書館より特別室を提供され、以降、研究・著述に専念することとなった。

準備に二ヶ月、執筆に七ヶ月を要したその成果は、『我が大陸経営の実相』として四分冊の報告書《レポート》――「序論　我が大陸政策の現実と理想」、「第一編　上古朝鮮半島経営時代」、「第二編　文禄慶長朝鮮役」、「第三編　青島役及西伯利《シベリア》事変」――にまとまり、関係各位に提出され、一九三五（昭和一〇）年七月には、総題を『我が大陸経営失敗の真相』[31]と改めて、兵書出版社から合冊公刊された。

念願の学究生活に入ったのも束の間、一九三四（昭和九）年夏、満洲国内では、かねて懸案事項となっていた、関東洲、満鉄附属地における旧来の日本側行政権の一元化をめぐる各官庁（関東軍、関東庁、外務省、拓務省等）の対立が、いわゆる在満機構改革問題[32]として表面化する。一〇月には、関東軍憲兵司令官に関東庁警務部長を兼任させる（軍警統一）という政府の閣議決定に抗議し、警務、財務、内務の関東庁三局長が菱刈長官に揃って辞表を提出（一七日）、それに連動して警察官を先頭に関東庁の全職員・雇傭員も「文治擁護」を旗印に結束、総辞職を決議するという、混乱状態が惹起したのである。

この時は綾川も、率先して「関東庁側の為策動」したと伝えられるが、[33]じっさいは、極力慰撫を以て対処するよう内地より訓令を受けた菱刈の意を体し、幹部連を説得して回ったものであろう。結果的に、三局長はじめ職員の辞意は撤回（三一日）され、関東庁は、新設の対満事務局（一二月二六日官制公布）に権限を大幅に移譲し、関東局・関東洲庁（前同）として縮小再編される。同時に菱刈も、長官職等を離任し、軍事参議官として内地に帰還する（事実上の更迭）ことになるが、綾川は、塩原時三郎や野田清一郎旅順工大学長（一八八三―一九六八）の支援もあって、なお数ヶ月間大連にとどまり、「日本民族将来の発展に対する根本指導原理」としての「日露戦争及び満洲事変の世界史的意義」の開顕という新たなテーマのもと、研究活動を続けた。[34]

主な成果としては、「日露戦争の世界史的偉業、主として日露戦争が世界史の一大転回点を成したと論断せ」る「欧米文献」を収集・整理・吟味し、一々の結論部分を抄訳したものを冊子にまとめ、一九三五（昭和一〇）年三月一〇日の陸軍記念日を機に、在満の日本人識者に配布したことである。

一九三五（昭和一〇）年秋頃、所期の研究に一定の区切りをつけた綾川は、数週間、満洲北部各地を旅行して――所感：「大黒河守備隊は約六中隊にして全く孤立なり、之に対し『ソ』軍は黒竜江（アムール川）を隔てて約四師団あり、日本軍は実に死を以て国境を守備しつつあり」[35]――見分を広めた。この時の経験から、後に綾川は、満ソ蒙三ヶ国の国境係争に関する論説を幾つも発表している。[36] いわく、三国間において「国境紛議を起さなければ

旅順工科大学
「絵葉書」（発行元、年代不明）より

ならない直接の原因たるもの」は、「満洲国・蘇連間、また満洲国・蒙古人民共和国（外蒙）間の国境線を、明確に識認せしむべき国境標識が無」く、「日露戦前、露西亜側が急速に作成した五十万分の一の地図を唯一の根拠とす」る点にあり、「満洲国の国防を担当」している日本としては、早急に「国境画定の協議を進行せしむる」と同時に、「譬え兵数を蘇連側と同等程度に有せずと」も「彼が与し易しとして軽視するを得ないだけ」の「優秀なる装備を有する皇軍部隊を配置するの必要があ」る。[37] こうした綾川の危惧は、後のノモンハン事件（一九三九年五月一一日勃発）において、現実のものとなった。

四　衆議院議員として

一九三六（昭和一一）年初頭、綾川武治は、衆議院の解散（一月二一日）に伴い実施される第十九回総選挙に急遽出馬する意向を固め、関東局・旅順工大を依願解嘱となり、帰国の途に就いた。

二・二六事件[38]勃発の直前、二月二〇日に行われた国政初の粛正選挙において、綾川は、前回同様、埼玉県第二区より無所属・中立で立候補する。もともと、埼玉二区は、政友会の横川重次（一八九四―一九六四）、石坂養平、民政党の高橋守平（一八九四―一九六〇）など既成政党の地盤が固く、苦戦は必至であったが、折からの政党不信（政界浄化）の風向きと、当選の暁は「同一行動を取ること」を条件に民政党と調整を行なった[39]ことで、かろうじて一二一三〇票を獲得、初当選（最下位：七名中四位）を果たした。

おりしも選挙期間中、恩赦で小菅刑務所を出所（二月一一日）した救国埼玉挺身隊事件の首謀者吉田豊隆は、綾川の出馬を知るや、ただちに、「獄中寒苦に得た賞与金」を「軍資金の一部」として提供したという[40]。

赤坂区青山南町の自宅に「大陸国策研究所」の看板を掲げた綾川は、そこを議員事務所兼政策研究所として国政参画に乗り出し、一年一ヶ月の在任中[41]、「一人一党の自由クラブで、政綱政策を掲げない、従って厳密の意義に於ては政党でな」い第三極の「昭和会」に所属し、第六十九回（特別招集、一九三六年五月四～二六日）および第七十回（通常招集、一九三六年一二月二六日～三七年三月三一日）帝国議会において適宜発言の機会を得、「思想、教育、国防、外交、税制等の問題につき、殊に農村振興問題には政府の所信を質し、政府に実行を迫」った。会期外も、「治山治水会、農政会、農村振興同盟に加入し、或は其の幹事となり、百方奔走し、旁々満洲に四回、朝鮮に六回程往復し、植民移民問題に尽瘁し北海道九州北陸方面に出張し、地方産業経済の調査を遂げ[42]」るなど、あたう限り精力的に活動したようである。

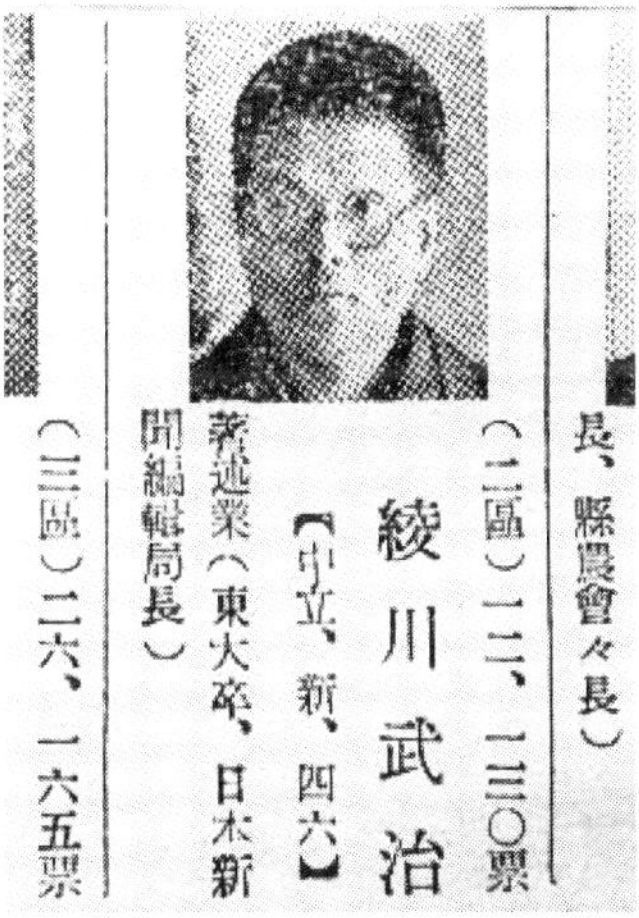

『昭和十一年総選挙 衆議院議員名鑑』（国民新聞社、1936年2月）より

なかでも注目すべきは、時局をにらんでの、第六十九回議会本会議における「帝国大学ニ拓植〔ママ〕学部設置ニ関スル建議案」

の提出（五月一八日）である。会期時間切れでじっさいに審議は行われなかったようだが、綾川としては、実現されれば、(43)いずれ新学部の教授として当時八校あった帝国大学の一つに迎えられ、アカデミズムの世界に返り咲くことを目論んでいたのであろう。

一九三七（昭和一二）年三月三一日、次年度予算の成立直後、林銑十郎首相（一八七六―一九四三）は議会を解散する（俗称食い逃げ解散）。これにより、第二十回総選挙（四月三〇日）が公示され、綾川も、三たび埼玉二区から無所属・中立――昭和会が「純然たる政党として打って出る事」になったため脱会、反政党の立場を堅持(44)――で立候補する。前回以上に力を入れた選挙戦では、推薦人として、徳富蘇峰(45)をはじめ、頭山満（一八五五―一九四四）、菱刈隆予備役陸軍大将、菊池武夫貴族院議員・後備役陸軍中将（一八七五―一九五五）、内田良平、赤池濃貴族院議員、四王天延孝後備役陸軍中将など、(46)綾川の識見と行動力を認める右派や軍等の著名人が名を連ねた。

政綱《マニフェスト》には、「非常時挙国一致政治の実現／国体観念徹底を根本目的とする教育の刷新／準戦時体制に順応する国防の充実及自主積極外交の遂行／中央地方の根本税制改革に依る国民負担の均衡化／国庫支弁に依る義務教育の延長／農山村負担の軽減と経済的地位の向上／時代適応の社会的政策実現と国民生活安定策の確立／同胞融和問題の徹底的解決／対満移民政策の促進／産業の合理的統制と外国貿易の進展」[47]の十項目を掲げ、再選に向け万全を期したが、政・民二大政党の巻き返しや候補者の乱立もあって、[48]結果は六一四六票と前回の半数程度の得票にとどまり、あえなく落選（八名中七位）してしまうのである。

五 『満洲事変の世界史的意義』

綾川武治は、議員在職中の一九三六（昭和一一）年九月、私設の大陸国策研究所より、自身畢生の著述というべき『満洲事変の世界史的意義』を刊行した。在満時の研究がベースになっているが、元々の雛形は、一九三〇（昭和五）年三月、日露戦争二十五周年記念の催事に当たり、「軍部の某有力者の慫慂」を受けて、全日本興国同志会から刊行（軍部内限定頒布）した小著『世界史を転回せる日露戦争の偉業』であるという。[49]『満洲事変の世界史的意義』は、徳富蘇峰の名物コラム「日日だより」（『東京日日新聞』・『大阪毎日新聞』）でも採り上げられ、[50]高い評価を受けるなど、綾川の著作のなかでは社会的に最も注目されたものであった。以下、概要をみていこう。

同書において、綾川が試みたのは、「満洲事変が、日露戦争と共に、人類史上比類稀なる神聖意義を有する事実」を、日本人ではなく「欧米白人諸家」の所見に照らして、客観的に論証してみせることであった。[51] 特に、依拠したのは、「東亜禍乱の根本動因」を「白人の東亜侵略と、支那の欧米依存的傾向」にあるとみて、明治期以来の日本の大陸政策を「東亜に張り来った白人侵略の勢力に対する日本の反撃であると論断し」たアメリカの国際政治学者ギボンス（Herbert Adams Gibbons, 一八八〇–一九三四）の、『世界政治学序論』（*An Introduction to World Politics*, 1922.）であった。[52]

綾川は、ギボンスを忠実に祖述し、日清戦争（一八九四年八月一日宣戦布告）を欧米白人の東侵に対する日本の第一次反撃――「ヨーロッパ侵略主義の手先としての支那に対する日本の武力的抗議」――として、日露戦争（一九〇四年二月一〇日宣戦布告）を第二次反撃――「白人世界征略行の歩武を完全に喰い止め、之を停止せしめた許りでなく、次いで白人勢力の世界的退潮の傾向を生ぜし」め「同時に有色人に一大覚醒を与え、その世界的昂潮の傾向を生ぜしめた」――として、第一次世界大戦参戦・日独戦争（一九一四年八月二三日宣戦布告）および対中二十一ヶ条要求（一九一五年一月一八日提出）を第三次反撃――「ドイツ勢力を支那及び太平洋諸島から駆逐」し「ヨーロッパ諸勢力が、支那から駆逐される時」の到来をより一層近からしめた――として、満洲事変（一九三一年九月一八日勃発）を第四次反撃[53]――「満洲の地域を、完全に白人侵略主義の手より奪還し、有色人の支配下に置くべく確立」し「極東の地域に、日本、朝鮮、満洲と、完全に確実に、白人侵略の魔手を伸ばし得ざる地帯を確保」した——として、明確に段階付けた[54]。そして、ヘーゲル（Georg Wilhelm Friedrich Hegel, 一七七〇—一八三一）の歴史哲学の顰《ひそみ》に倣い、また、シュペングラー（Oswald Spengler, 一八八〇—一九三六）の『西洋の没落』（*Der Untergang des Abendlandes*, 1918, 1922.）もふまえて、一連の事象を、「新人類史展開途上の一大結節点」、「没落西洋文明の後に起るべき新文明創成の契機[55]」と、象徴的に意義付けたのである。

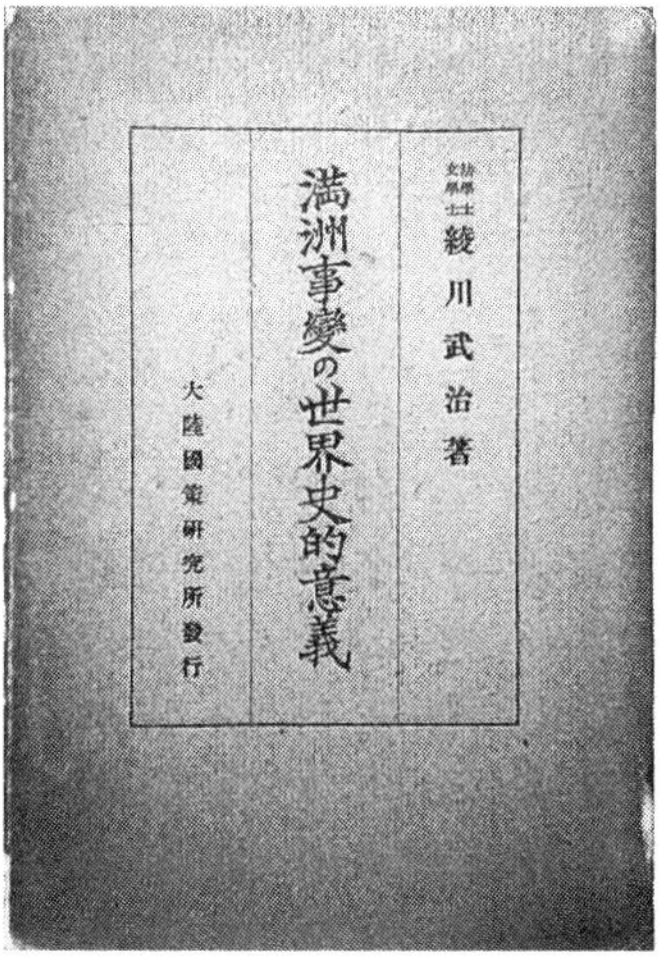

『満洲事変の世界史的意義』
（1936年9月刊）外箱

> 満洲の地は、世界人類から見れば、従来の世界史が、残忍横暴侵略主義の白人によって推進せられ、邪しまなる方向に進みつつあったものを、正しき方向に転回せしめ、また虐げられ奪われたる有色人に回生の希望を与え、これを人類線上に引き上

げ、真正なる人類主義を打開顕現せしめた日露戦争が戦われた点から見て、最近世に於けるエルサレムであり、人類の聖地であると謂わなければならない。……満洲事変に当って、世界包囲の威喝を以て、国際連盟の力を以て、この聖地満洲は、国際保護管理の名の下に、侵略主義白人の手に奪取せられんとした。（原文改行）我が日本は、日露戦争を敢然断行せられた明治大帝の金剛の信を相承して、所謂焦土外交の決意を以て、世界を敵とするも辞せざるの大覚悟を以て、その経済封鎖武力制裁に会するも屈せざるの気魄を以て、国際連盟を脱退し、飽く迄聖地満洲を死守したのである。（原文改行）満洲事変の世界史的意義は、実にここに存するのである。……[56]

同書巻末に、綾川は、「世界諸家の結論せる日露戦争の世界史的偉業」として、肯定的・否定的文脈を問わず、日露戦争の史的意義に言及した海外諸家の文献六十七種を挙げ[57]、当該箇所を訳出している。その資料的価値は高く、蘇峰も、「固より其の結論だけを抄出したるに過ぎざるも、我が日本国民に取りては、多大なる参考資料として、必読す可き有用文字と云わねばならぬ」と、絶賛している。[58] 終戦後、連合国総司令部（ＧＨＱ）が実施した戦前刊行物の大規模な没収（焚書）から同書が免れ得た[59]のも、ひとえに、そうした客観性を重んじた構成故であったろう。

「満洲は日本の生命線」、「王道楽土の建設」といった、従来からの権益論や抽象的理想論でなく、あくまで学術的見地に立って、満洲地域における「近代白人文明」を超克した「新文明」――「物質と精神との調和を理想とする文明」創造の可能性を論示した[60]『満洲事変の世界史的意義』は、当時の日本国家が求めていた、まさしき「良書」であった。一九三六（昭和一一）年中には文部省認定書籍となり[61]、また、一一月一八日には翻訳出版助成申請が認可され、外務省文化事業部より助成金五〇〇円を支給されている。申請に当たって、綾川が有田八郎外務大臣（一八八四―一九六五）に提出した自薦文は、次の通り。

拙著『満洲事変の世界史的意義』ハ満洲事変ガ単ナル局部的問題ニ非ズシテ実ニ世界ニ於ケル白人種対有色人種ノ歴史的抗争ヲ新タナル局面即チ支那ヲ介ンテノ白人侵略ヲ排撃シ有色人種ニヨル新文明史ノ創成ニ発展セシメタル世界史的義フ有スルモノナル事ヲ明ニセルモノニ有之……因リテ日本ト等シク有色人種タル支那人ノ大多数ガ此ノ人種的世界史的意義ニ目覚メズ益々欧米依存ニ傾キ徒ニ抗日排日ヲ叫ビ而モ一部ヨリ盛ニ赤化サレツツアル現状ニ鑑ミ右図書ヲ漢訳出版シ広ク満洲国及支那国人間ニ配

布セバ其ノ迷夢ヲ打破シ日本ノ真意ヲ諒解セシムル一助トモナリ有色人種トシテノ真ノ覚醒ヲ促シ進ミテ文化ノ提携ニモ資スル所アル可キ事ヲ信ジテ疑ハズ……(62)

助成を受け、『満洲事変の世界史的意義』は、南満洲教育会教科書編集部において中国語白話体で翻訳され、「著者名ノ日本人名ヲ避ケ、東亜復興協会編」として、満洲国版と中華民国版(北支版、中支版)の三版、計七五〇〇部が、両国の学術・教育機関等に広く寄贈された。(63)満洲国版『満洲建国之世界史上之意義』は、「満洲国内知識階級殊ニ同国内中等学校、専門学校及ビ初等学校上級学年ノ生徒ニ有用必読ノ書」たらしめること、中華民国版『欧米之東亜侵略與華日関係』は、「同国知識階級中殊ニ青年層ニ東亜復興ノ為メ華日関係ノ徹底的融和親善ヲ必要トスル趣旨ヲ普及浸潤セシムル」ことに、それぞれ力点が置かれていた。(64)

太平洋戦争(大東亜戦争)開戦の前後、京都帝国大学の高坂正顕《こうさかまさあき》(一九〇〇―一九六九)、西谷啓治(一九〇〇―一九九〇)、高山岩男(一九〇五―一九九三)、鈴木成高(一九〇七―一九八八)らいわゆる京都学派は、思想史上有名な三回の座談会――「世界史的立場と日本」(一九四一年一一月二六日)、「東亜共栄圏の倫理性と歴史性」(一九四二年三月四日)、「総力戦の哲学」(65)(同

年一一月二四日）――において、新たに「世界史的立場」――「日本が現在大東亜の建設に於て指導的であり又指導的でなければならなかったという歴史的必然[66]」をふまえた歴史哲学を構築することの重要性を確認し合ったが、綾川の『満洲事変の世界史的意義』は、論理においても、体系性においても、彼らのとうに先を行っていた。

なお、同書は、『朝日新聞社旧蔵　極東国際軍事裁判記録』にも含まれている[67]。一九三六（昭和一一）年一一月の第五版で、見返しには「鹽《しお》原家蔵書」の印があり、おそらく、綾川と関係の深かった塩原時三郎――東京裁判では木村兵太郎陸軍大将（一八八八―一九四八）の弁護人を担当――により、ソ連側の主張――日本の満洲進出を、日露戦争まで遡って「ソ連（ロシア）への侵略」と断罪した――等への反論資料として、日本側弁護団に持ち込まれたものであろう[68]。

六　下野後

第二十回総選挙で落選し、下野した綾川は、弁護士を生業としながら捲土重来を期する一方、民間の国家主義運動にも復帰する。

すでにあまたの著書・論文を持ち、短期間ながら国政に携わった経験も有する綾川は、名実共に右派の重鎮となっており、赤尾敏ら建国会の日曜講演会に定期的に出講し、一九三七（昭和一二）年一一月には、中谷武世らが指導する青年亜細亜連盟（同年一〇月結成）の英国大使に対する決議文（「大英帝国主義打倒」）手交を煽動し、一九三九（昭和一四）年四月三日には、影山正治（一九一〇―一九七九）ら大東塾の開塾式に臨席して祝辞を述べるなど、当局からたびたびマークされている。(69)

一九三九（昭和一四）年一月六日、日本政府に対し、リッベントロップ独外相（Joachim von Ribbentrop, 一八九三―一九四六）より、日独伊三国軍事同盟の締結が正式に提議された。これに対し、前日に発足したばかりの平沼騏一郎内閣では、同盟の対象をソ連一国から英仏に拡大するか否か等で調整が難航し、民間では、聖戦貫徹同盟（一九三八年九月結成）、まことむすび（一九三九年三月結成）など、都下の右派「三十五団体」が結集して日独伊軍事同盟締結要請全国青年連盟が組織（四月二一日）された。(70) 綾川も、従来からの防共協定強化と対アングロ・サクソン牽制という大局的見地からこれに賛同し、相談役に推戴される。(71) 連盟は、姉妹団体として組織（五月九日）された日独伊軍事同盟締結要請関西青年連盟と「東西相呼応して演説会、座談会、懇談会等を開催して与論喚起に努」めた。だが、天津租界封鎖問題（六〜七月）等により急速に国内の反英感情が高まるにおよび、連盟内部は防共派と排英派に分裂、(72)運動方針をめぐって「一致結束を欠」くようになり、ほどなく解散（七月七日）してしまう。(73)まことむすびの片岡駿（一九〇四―一九八二）、奥戸《おくど》足百《たるお》（一九〇四―没年未詳）ら急進分子は、改めて、日独伊軍事同盟達成全国青年連盟を組織（七月一三日）し、「親英恐ソ現状維持勢力の粉砕」と「英ソの打倒」を期して、より直接的な「猛闘」を開始する。(74)綾川はといえば、自身恩顧ある平沼への攻撃姿勢――「平沼内閣及び之を傀儡とする現状維持支配陣営、親英派勢力に対する絶対非妥協なる戦いを徹底して戦い抜かん」(75)――を一段と強めた新組織に加わる道理もなく、前連盟の解消を機にこの問題から手を引いている。

この他にも、綾川は、一九三〇年代後半から四〇年代初頭にかけて、文化団体日本協会（一九三七年創立）の相談役として、(76)故渥美勝の桃太郎主義(77)を遵奉するアーティスト大角日藝（生没年未詳）らの捨石会（一九三九年一〇月一三日結成）の顧問として、(78)一条実孝貴族院議員（一八八九―一九五九）、佐佐木行忠貴族院議員・皇典講究所所長（一八九三―一九七五）らの祭政一致翼賛協会（一九四〇年五月八日結成）の関係者として、(79)高山昇神祇院参与（一八六四―一九五〇）、下中弥三郎らの皇国《すめらみくに》運動連盟（一九四一年九月二七日結成）の理事として、(80)等々、各種の団体に関与している。(81)

小結

一九四〇年代に入るや、綾川武治の身辺は俄然慌ただしくなっていく。

一九四一(昭和一六)年四月からは、平沼騏一郎内務大臣(第二次近衛内閣)の斡旋により、大政翼賛会(一九四〇年一〇月一二日発足)の改組[82](革新派幹部の追放)に伴い新設された東亜局の連絡部副部長に、また、菊池武夫の招聘により、同人が校長をつとめる新設の興亜専門学校(戦後、亜細亜大学に改組)の教授に、それぞれ就任している。

一九四一(昭和一六)年一二月八日、太平洋戦争(大東亜戦争)が開戦する。かつて綾川が『人種問題研究』等で予見した、日米戦争(有白人種戦争)が、遂に現実のものとなったのである。緒戦の華々しい勝利の報に接して、綾川の得意と歓喜たるや、いかばかりであったろうか。

戦時中の綾川は、大政翼賛会埼玉県支部の事務局長に異動し、埼玉県翼賛文化連盟の組織化[83](一九四二年一一月)、埼玉県吹奏楽連盟の会長就任[84](一九四三年二月一三日)、「大東亜戦争下生産増強、戦争生活ノ実践ニ挺身スル県民ノ間ニ明朗快活ナ雰囲気ヲ醸成シ、併セテ敵性音楽、不健全音楽ヲ一掃スルト共ニ、挙県一体愈々戦争完遂ノ意欲ヲ昂揚セシムルタメ」

の「埼玉県民ノ歌」普及促進[85]、浦和市在住の洋画家奥瀬英三（一八九一－一九七五）の申し出に応じての大宮等県内各駅舎における戦意高揚絵画の企画展示[86]、等々、県民の継戦意志持続のため、さまざまな事業に専心取り組んでいる。

なお、綾川は、一九四二（昭和一七）年の第二十一回総選挙（翼賛選挙、四月三〇日）にさいし、四たび埼玉二区から立候補を届け出た（四月一〇日）が、諸般の事情により翼賛政治体制協議会の推薦を得られなかったため、直後（一二日）に取り下げている[87]。

【註】

（1）綾川「満川さんの諸印象」、『維新』第三巻六号（一九三六年六月）七八頁。

（2）中谷は、一九二九（昭和四）年秋頃に、師と仰ぐ鹿子木員信より「今やナチスは非常な勢いで躍進しており、やがて此の党が独乙《ドイツ》の政権を掌握するのも最早時日の問題である、日本も単なる思想運動としての国民運動では限界があるので、……諸君の運動を近い機会に愛国政党の運動に発展させる必要を内外の情勢が求めているのではないか」との教示を受けていた。中谷武世『昭和動乱期の回想　中谷武世回顧録』（泰流社、一九八九年三月）二一九、二二〇頁。

（3）中谷「満川亀太郎宛書簡」（一九二八年七月二七日付）、長谷川雄一他編『満川亀太郎書簡集』（論創社、二〇一二年七月）一四二頁。
（4）須崎慎一「史料紹介―森田州平日記（抄）―（一五）〔一九二九（昭和四）年五―八月〕」、『神戸大学教養部論集』第五〇号（一九九二年一〇月）八三頁、（）内引用者。
（5）綾川「純正日本主義運動と国家社会主義運動」、『経済往来』第九巻三号（一九三四年三月）五〇頁。司法省刑事局「思想研究資料特輯第五十三号／右翼思想犯罪事件の綜合的研究」（一九三九年二月）、今井清一、高橋正衛編『現代史資料 四／国家主義運動 一』（みすず書房、一九六三年五月）一九七、一九八頁。
（6）綾川前掲「純正日本主義運動と国家社会主義運動」五〇頁。
（7）綾川前掲「純正日本主義運動と国家社会主義運動」五〇、五一頁。
（8）津久井龍雄「国家と階級の問題に就て＝或るプロテストを対象に＝」、『日本社会主義』第一巻三号（一九三二年一二月）四七、四八頁。
（9）綾川前掲「純正日本主義運動と国家社会主義運動」五〇頁。中谷前掲『昭和動乱期の回想』二二一頁。
（10）「愛国勤労党結党報告」（一九三〇年二月一三日）、国立国会図書館憲政資料室所蔵『中原謹司文書』資料番号一六六二。木下半治『日本国家主義運動史』（慶應書房、一九三九年一〇月）七八頁。中谷前掲『昭和動乱期の回想』二二五、二二六頁。もっとも、「意見の相違」から、津久井らは早期に脱退し、急進愛国労働者連盟（一九三〇年八月結成）を中心とする、独自の国家社会主義運動を再開している。津久井『日本国家主義運動史論』（中央公論社、一九四二年五月）一五三、一五四頁。

(11) 森本洲平の日記(一九二九年一二月一日)。東京大学文学部日本近代政治史ゼミ編「史料紹介 森本洲平日記(二)」、『東京大学日本史学研究室紀要』第一二号(二〇〇八年三月)四六四頁。

(12) 「愛国勤労党綱領政策大綱」(一九三〇年二月一一日)、前掲『中原謹司文書』資料番号一・六六五。木下前掲『日本国家主義運動史』七九、八〇頁。中谷前掲『昭和動乱期の回想』一二三一-一二五頁。( )内引用者。

(13) 伊藤隆『昭和初期政治史研究―ロンドン海軍軍縮問題をめぐる諸政治集団の対抗と提携―』(東京大学出版会、一九六九年五月)四二三-四二八頁。一九三〇(昭和五)年八月一二日、鹿子木、中谷、天野ら「勤労党之有志」は、揃って、反対派(艦隊派)の中心人物である加藤寛治前海軍軍令部長を訪問し、条約批准阻止に向けて、方策を協議している。伊藤隆他編『続・現代史資料五/加藤寛治日記』(みすず書房、一九九四年八月)一〇一頁。

(14) 佐々木敏二「一地方におけるファシズム運動―長野県下伊那の場合―」、藤井松一他編『日本近代国家と民衆運動』(有斐閣、一九八〇年九月)三一四-三一九頁。須崎慎一「地域右翼・ファッショ運動の研究―長野県下伊那郡における展開―」、『歴史学研究』第四八〇号(一九八〇年五月)三〇、三一頁。中原は、続けて、第一八回総選挙(一九三二年二月二〇日)にも長野県第三区から立候補したが、この時は、愛国勤労党を「暴力政党」とみなした地域有力者・メディアの反発によって、落選している(その後は、第一九～二一回と連続当選)。

(15) だが、一九三一（昭和六）年に入るや、徐々に息切れが目立ち始め、当局は、「財政的窮乏ノタメ殆ンド行動見ルベキモノナカリシ」と分析し、海軍内の国家革新運動の中心人物であった藤井斉海軍大尉（一九〇四－一九三二）も、日記に「左翼不振、日本国民党も勤労党も駄目」と書き付けている。「愛国勤労党『ポスタービラ』作成ニ関スル件」（一九三一年三月一〇日）、『外務省記録　本邦ニ於ケル反共産主義運動関係雑件　六 愛国勤労党等関係』（国立公文書館アジア歴史資料センター、http://www.jacar.go.jp/ B04012987300）第三画像。「故藤井海軍少佐の日記（抄）」（一九三二年一月二二日）、原秀男他編『検察秘録　五・一五事件　Ⅲ（匂坂資料3）』（角川書店、一九九〇年一〇月）六五七頁。

(16) 中谷は、一九二六（大正一五）年頃、綾川の紹介で、新聞『日本』の嘱託となり、週二回の論説と短評欄「十六面棒」（綾川担当）の代筆を、受け持っていた。中谷前掲『昭和動乱期の回想』一五六、一七九頁。

(17) 田鍋三郎他『愛国運動闘士列伝』（新光閣、一九三六年六月）五七頁。木下前掲『日本国家主義運動史』八〇頁。

(18) 森本洲平もまた、一九三一（昭和六）年四月に、中谷から「ブルジョアなる事、思想の旧き事」等を理由に引退を勧告され、以降、党から距離を置くようになる。須崎前掲「地域右翼・ファッショ運動の研究」三〇頁。

(19) 逆に、中谷らも全日本興国同志会を脱退し、綾川は、残留した同志を率いて、一九三二（昭和七）

年頃まで活動を続けている。もっとも、完全な絶縁状態ではなかったらしく、綾川は、中谷らの大亜細亜協会の創立懇談会（一九三三年一月二六日）に出席し、同協会の機関誌『大亜細亜主義』にも寄稿している。『外務省記録　本邦ニ於ケル協会及文化団体関係雑件』第一巻（国立公文書館 アジア歴史資料センター、B04012373800）第八画像。木下前掲『日本国家主義運動史』六七頁。

(20) 小松光男編『日本精神発揚史（日本新聞十周年記念）』（日本新聞社、一九三五年四月）二六八頁。

(21) 高杉京演「『帝国新報』に乗込む―私が、その経営に参加するまで―」、『新聞と社会』第三巻一〇号（一九三二年一〇月）四八頁。

(22) 綾川「序」、『満洲事変の世界史的意義』（大陸国策研究所、一九三六年九月）二頁。

(23) 宅野「望診」、前掲『新聞と社会』第三巻一〇号、一〇頁。高杉前掲「『帝国新報』に乗込む」四八、四九頁。

(24) 一九三〇（昭和五）年九月六日現在の公称発行部数は「四九八五〇部」とされていたが、実態は、「二千枚」程度であったともいわれる。『昭和六年版　日本新聞年鑑』「第二篇　現勢」（新聞研究所、一九三〇年一二月）九頁。佐藤卓己「日本主義ジャーナリズムの曳光弾―『新聞と社会』の軌跡」、竹内洋他編『日本主義的教養の時代　大学批判の古層』（柏書房、二〇〇六年二月）二六四頁。なお、一部原紙は、東京大学大学院法学政治学研究科附属近代日本法政史料センター明治新聞雑誌文庫、昭和女子大学近代文庫等に所蔵されている。

(25) 『昭和九年版　日本新聞年鑑』「第二篇　現勢」（新聞研究所、一九三三年一二月）一一頁。

(26) 高杉前掲「『帝国新報』に乗込む」四三一、四三三頁、( ) 内引用者。
(27) 一九三三(昭和八)年六月八日には、正式に社の取締役に推戴されている。前掲『昭和九年版 日本新聞年鑑』「第二篇 現勢」一一頁。
(28) 綾川「序」、前掲『満洲事変の世界史的意義』二、三頁。佐藤前掲「日本主義ジャーナリズムの曳光弾」二九五、二九六頁。池田弘は、大正中期、黒龍会員数名を率いて、村山龍平大阪朝日新聞社長(一八五〇―一九三三)を襲撃した、いわゆる白虹事件(一九一八年九月二八日)の主犯格として知られる。
(29) 綾川「序」、前掲『満洲事変の世界史的意義』三頁。
(30) 綾川「序」、『我が大陸経営失敗の真相』(兵書出版社、一九三五年七月)一、二頁。
(31) 傍点筆者。
(32) 以下の文献を参照。清水秀子「対満機構の変遷」、日本国際政治学会編『日本外交史の諸問題Ⅲ』(有斐閣、一九六八年一〇月)。山田豪一「瓦房店事件と在満機構改革問題」、『社会科学討究』第四三巻一号(一九九七年九月)。等々。
(33) 「国家主義系団体員の経歴調査 第一」、『思想資料パンフレット』第八の三巻(司法省刑事局、一九四一年四月)二六頁。
(34) 綾川「序」、前掲『満洲事変の世界史的意義』四頁。
(35) 「別紙第四 学校職員生徒ニ及ボシタル一代議士ノ事件ニ関連セル言説ノ影響」、『陸軍省密大日記

昭和十一年第二冊』（国立公文書館 アジア歴史資料センター、C01004163600）第五四、五五画像、（ ）内引用者。埼玉県編『新編埼玉県史　資料編二〇』（一九八七年三月）一九六頁。

（36）本書〔巻末資料・1〕参照。

（37）綾川「満蘇蒙国境紛議発生の諸原因」、『外交時報』第七六二号（一九三六年九月一日）二、三、一三頁、（ ）内引用者。

（38）綾川は、学究肌の軍人として知られた渡辺錠太郎陸軍大将（一八七四－一九三六）と一九三〇年代初め頃から親しくしており、『不穏思想の真相と其対策』（兵書出版社、一九三三年一二月）と前掲『我が大陸経営失敗の真相』の二著作にも序文を寄せてもらっている。それ故に、同人が犠牲となった二・二六事件については、「目下日本内外の情勢は私利を計りて互に争うべき時に非ず、彼の五・五事件と云い親《（ママ）》兵隊事件と云い近くは二・二六事件と云い行動其の者は国法を紊る不法の行為なるは明なるも将来漸進的には多くの改革すべき事項の存するは否むべからざるなり」（一九三六年三月五日）と、複雑な感想を述べている。前掲「学校職員生徒ニ及ボシタル一代議士ノ事件ニ関連セル言説ノ影響」。前掲『新編埼玉県史　資料編二〇』一九六頁。

（39）前掲『新編埼玉県史　資料編二〇』二六四－二六六頁。

（40）小野龍之助編『埼玉人物評論』（埼玉人物評論社、一九三六年六月）一二三頁。

（41）中谷武世の回想によれば、この時期の綾川は、「名刺に法学士、文学士、代議士、弁護士と士を四つも書いて同志友人によくからかわれた」という。中谷前掲『昭和動乱期の回想』一六五頁。

(42)綾川「第三回目の立候補にあたりご挨拶」(一九三七年四月)、埼玉県立文書館所蔵『高橋(周)家文書』資料番号二九六八。

(43)同様の試みとしては、一九三九(昭和一四)年四月に、法政大学が専門部のなかに大陸部を新設している(初代部長:大川周明)。

(44)綾川前掲「第三回目の立候補にあたりご挨拶」。

(45)蘇峰「綾川武治君推薦ニ付書状」(一九三七年四月)、前掲『高橋(周)家文書』資料番号二九八八。本書口絵写真参照。

(46)頭山他「粛清選挙ニ際シ綾川武治君推薦ニ付挨拶状」(一九三七年四月)、前掲『高橋(周)家文書』資料番号二九八三。本書口絵写真参照。

(47)「衆議院議員選挙公報　埼玉県第二区」(一九三七年四月)、前掲『高橋(周)家文書』資料番号二九七二―三。

(48)前掲『新編埼玉県史　資料編二〇』二六六―二六八頁。

(49)綾川「序」、前掲『満洲〔ママ〕事変の世界史的意義』二頁。

(50)蘇峰「『満洲事変の世界的意義』に就て」、『東京日日新聞』・『大阪毎日新聞』夕刊(一九三六年一〇月一二日)。

(51) 綾川「序」、前掲『満洲事変の世界史的意義』三、六頁。
(52) 綾川「序」、前掲『満洲事変の世界史的意義』四頁。
(53) ギボンスが『世界政治学序論』(一九二二年刊) において論述したのは、日独戦争・対中二十一ヶ条要求までで、その時点で満洲事変を評価しようもないが、綾川によれば、「若し彼をして之に言及せしめば、必ずや、『日本のヨーロッパに対する第四次の反撃』と断定するであろうこと明白」であるという。綾川前掲『満洲事変の世界史的意義』一八頁。
(54) 綾川前掲『満洲事変の世界史的意義』六、一三、一五、一六、九六、一四三頁。
(55) 綾川「序」、前掲『満洲事変の世界史的意義』五頁。
(56) 綾川前掲『満洲事変の世界史的意義』一三四、一三五頁、( ) 内引用者。
(57) 本書〔巻末資料・2〕参照。
(58) 蘇峰前掲「『満洲事変の世界的意義』に就て」。
(59) 『連合国軍総司令部から没収を命ぜられた宣伝用刊行物総目録：五十音順』(文部省社会教育局、一九四八年)、占領史研究会編『総目録 GHQに没収された本』(サワズ&出版、二〇〇五年九月) 参照。
(60) 綾川前掲『満洲事変の世界史的意義』二四〇頁。
(61) 綾川前掲「第三回目の立候補にあたりご挨拶」。前掲「国家主義系団体員の経歴調査 第一」二七頁。
(62) 綾川「『満洲事変ノ世界史的意義』漢訳出版助成申請書」(一九三六年一〇月三〇日)、『外務省

記録　自昭和十一年至十三年　出版助成関係雑件』第五巻（国立公文書館アジア歴史資料センター、B05015874100）第四画像。

（63）外務省文化事業部「事業計画書」・「事業予算書」、前掲『外務省記録』第五巻、第五、六画像。諸経費約六〇〇円のうち、一〇〇円は、篤志家（不明）の寄付金によりまかなわれたという。「綾川武治著『満洲事変ノ世界史的意義』漢訳出版事業助成金収支計算書」、前掲『外務省記録』第五巻、第一四、一七画像。

（64）外務省文化事業部「『満洲事変ノ世界史的意義』漢訳出版事業計画及事業経過状況報告書」、前掲『外務省記録』第五巻、第一五、一八画像。

（65）初出、『中央公論』一九四二年一月号、四月号、一九四三年一月号。

（66）高坂他『世界史的立場と日本』（中央公論社、一九四三年三月）一六〇頁。

（67）国立国会図書館憲政資料室所蔵『朝日新聞社旧蔵　極東国際軍事裁判記録　和文資料　Ⅷその他』（Box 65 Folder 2）。

（68）塩原本中、第二章第五節「白人領土侵略の常套手段」（五二―五四頁）には、上余白に赤鉛筆で次のような書き込みがある。「発見先占」、「武力行使　香港」、「懐柔　キリスト教」、「欺瞞　シンガポール」、「謀略相互抗争　インド」。

（69）前掲「国家主義系団体員の経歴調査　第一」二七頁。下中彌三郎伝刊行会編『下中彌三郎事典』（平凡社、一九六五年六月）一九〇頁。

(70)「国家（農本）主義運動の状況」、『特高月報』（一九三九年五月分）四七―五一頁、『特高月報』（一九三九年七月分）三四―三六頁。『昭和十六年十月現在　全国国家主義団体一覧』（編者・版元不明　国立国会図書館近代デジタルライブラリー公開資料、http://kindai.ndl.go.jp/）五九三―六〇一頁。

(71) 前掲「国家主義系団体員の経歴調査　第二」二七頁。

(72) 永井和『日中戦争から世界戦争へ』（思文閣出版、二〇〇七年二月）二九〇―二九五頁。

(73) 前掲『特高月報』（一九三九年七月分）三五頁。

(74) 前掲『特高月報』（一九三九年七月分）三六―三八頁。前掲『全国国家主義団体一覧』六〇一―六〇四頁。片岡、奥戸は、後に天野辰夫、中村武（武彦、一九一二―二〇〇五）らとともに、平沼騏一郎国務相銃撃事件（一九四一年八月一四日）にも関与し、検挙されている。宮本盛太郎『宗教的人間の政治思想――安部磯雄と鹿子木員信の場合――』（木鐸社、一九八四年三月）二二二、二二三頁。

(75) 前掲『特高月報』（一九三九年七月分）三六頁。

(76) 綾川『『皇国現下の思想粛清準則』解説』（日本協会出版部、一九四一年九月）表二。

(77) 本書第三章註(43)参照。

(78) 前掲「国家主義系団体員の経歴調査　第一」二七頁。捨石会の「声明書」には、「世界の皇道化」、「皇道の敵は一に覇道」、「官憲と小競合を演じて一人二人の暗殺を辛じて為すが如きは寧ろ却て大御心を悩し奉る結果ともなれば厳に注意し志士の徒労を出さしむべからず」、「随時古今の志士の慰霊祭を行う」

等とある。「国家（農本）主義運動の状況」、『特高月報』（一九三九年一〇月分）二〇、二一頁。前掲『全国国家主義団体一覧』三四一―三四三頁。

(79) 前掲「国家主義系団体員の経歴調査　第一」二七頁。祭政一致翼賛協会は、第八十一回、八十四回帝国議会の衆議院請願委員会に、「既ニ神祇ニ列シ、国家ノ祭祀礼典ニ与リ給ウ英霊ヲ反国体的ナ宗教ノ儀式ニ依ッテ慰霊スルノハ適当デナイ」といった「忠霊公葬ニ関スル請願」を提出（一九四三年三月、四四年二、三月）したことで知られる。前掲『全国国家主義団体一覧』二八七、二八八頁。岩井忠熊「『英霊』のゆくえ」、『人権と部落問題』第六〇巻二号（部落問題研究所、二〇〇八年二月）一頁。

(80) 前掲「国家主義系団体員の経歴調査　第一」二七頁。皇国運動連盟の「宣言」には、「皇国の最高理念たる天皇信仰を昂揚し、国民政教の帰趨を明らかにすることを以て、日本国家の現状打開、維新遂行の大道なることを宣言し、挺身これが実践を図らんとす」とある。同連盟は、結成翌年八月に分裂し、高山、松永材（一八九一―一九六八）らが脱会。残留した綾川らは、一二月に組織を皇国運動同盟として再編したという。「国家（農本）主義運動の状況」、『特高月報』（一九四一年九月分）五四、五五頁。社会問題研究会編『右翼事典―民族派の全貌―』（双葉社、一九七一年一月）四三四、四三五頁。

(81) それら以外にも、大学自治に政治が容喙する道を切り拓いた、井田磐楠貴族院議員（一八八一―一九六四）、菊池武夫らの帝大粛正期成同盟（一九三八年九月四日結成）にも関係したとされる。蓑田胸喜『真の大学問題』（原理日本社、一九三八年一一月）二五頁。司法省刑事局「思想研究資料特輯第

七十六号／最近に於ける右翼学生運動に付て」（一九四〇年五月）、社会問題資料研究会編『社会問題資料叢書』第一輯（東洋文化社、一九七二年一一月）四八四–四八七頁。前掲「国家主義系団体員の経歴調査　第二」二七頁。

(82)「大政翼賛会の改組」、内閣情報局『週報』（一九四一年四月一六日号）三〇–三三頁。G・M・バーガー『大政翼賛会　国民動員をめぐる相剋』(*Parties out of Power in Japan, 1931-1941*, 1977. 坂野潤治訳、山川出版社、二〇〇〇年一〇月）二三六–二三九頁。

(83) 埼玉県編『新編埼玉県史　資料編二六』（一九九〇年三月）五八八–五九二頁。

(84)『音楽之友』第三巻四号（一九四三年四月号）六三、六四頁。

(85) 綾川「各郡市町村支部長宛依頼『埼玉県民ノ歌』ヲ県民必唱ノ歌トシテ愛唱セシムルノ件」（一九四三年三月一九日）、前掲『新編埼玉県史　資料編二六』五九二–五九四頁。

(86) 綾川「奥瀬英三宛書簡」（一九四四年八月四日付、跡見学園女子大学新座図書館所蔵）。

(87)『埼玉県報　号外』（一九四二年四月一〇、一二日）。

終章　晩期
――一九四〇年代後半〜死没――

一　公職追放、そして

一九四五（昭和二〇）年九月二日、先にポツダム宣言を受諾（八月一四日）した大日本帝国は、正式に降伏文書に署名する。

その後始まった占領軍政による急速な「民主化」のもとでの、共産主義勢力の再興――徳田球一（一八九四-一九五三）、志賀義雄（一九〇一-一九八九）ら政治犯の釈放（一九四五年一〇月一〇日）、日本共産党の再建と『赤旗』の再刊（同二〇日）――や、国際協調主義の復権――「平和を愛する諸国民の公正と信義に信頼して、われらの安全と生存を保持しようと決意した。……平和を維持し、専制と隷従、圧迫と偏狭を地上から永遠に除去しようと努めている国際社会において名誉ある地位を占めたいと思う。……」（『日本国憲法』前文、一九四六年一一月三日公布）――を、往年の思想戦士・綾川武治は、どのような思いでみつめていたであろうか。

一九四六（昭和二一）年になって、綾川は、「連合国総司令部発日本政府宛昭和二十一年一月四日附覚書　公務従事ニ適セザル者ノ公職ヨリノ除去ニ関スル件」および「附属書A号」に基づく「昭和二十一年勅令第一〇九号　就職禁止、退官、退職等ニ関スル件」（公職追放令、二月二八日公布即日施行）によって、「皇国運動同盟理事、翼賛会要職、愛国勤労党要職者、行地社要職者、猶存社要職者」として、追放項目「C項（国家主義団体役員）」および「D項（大政翼賛会関係者）」の該当者に指定され、以後一切の公職に就くことを禁じられてしまう。(1)

「敗戦」の衝撃と屈辱から立ち直るいとまもなく公職追放を宣告――追放解除は一九五一（昭和二六）年六月――された綾川は、意気消沈し、しばらくは自宅で無聊をかこつ日々であったが、一九四八（昭和二三）年、東京第二弁護士会より浦和弁護士会（後に埼玉弁護士会に改称）に転籍し、同年六月、郷里近郊の熊谷市栄町に弁護士事務所を開設、次のような挨拶状を関係者に送付している。

永らく御無沙汰仕り恐縮至極に存じ居りましたが、今回郷党諸彦の御勧奨もありましたので、大方各位日頃の御眷顧に酬い度く、郷土埼玉の地に弁護士を開業致した次第であります。就ては今後専ら社会正義と基本人権との擁護の為め全生涯を挙げて尽瘁致したい存念でありますから、何卒倍旧の御指導御鞭撻の程伏して御願申上げます。(2)

時代思潮・価値観の圧倒的転換期とはいえ、「社会正義」や「基本人権」という、従来の自己の思想体系とは全く連続性のないタームを用いざるを得なかったところに、綾川の「苦渋」が伺える。

二　戦後の事績

戦後の綾川は、表立った著作もなく、(3)加齢や病気等の影響もあってか、戦前に比して明らかに精彩を欠いている。(4)かつての盟友中谷武世が、戦後も、岸信介をはじめ政・官・財各界の保守層に親近し、没後、「歴代の内閣に陰ながら御指導と御協力を頂いていた我が保守政界の大先輩」[5]と讃えられるほど、存在感を発揮したのと対照的である。それでも、思想的には変節せず――「天皇絶対」の姿勢だけは明らかだった[6]――、磯田正則奥秩父開発社長（一八九八―没年未詳）や吉田豊隆らと、熊谷にて日本革新同盟なる団体を結成[7]（一九五四年五月九日）したり、埼玉県の奉祝会会長に選出されるなど[8]、晩年に至るまで、右派として地道な活動は続けていたようである。

かくて、一九六六（昭和四一）年一二月七日、綾川武治は、かねて入院中の浦和市の病院で死去、その起伏に富んだ生涯を閉じた。行年満七十五歳。翌朝の『埼玉新聞』には、次のような死亡記事が掲載された。

> 綾川武治（弁護士、元代議士）ガンのため、浦和市北浦和の埼玉中央病院で治療中、七日午後零時半死亡。七十五歳。浦和市東岸町一ノ二八。告別式は、十一日午後一時から、浦和市東岸町一ノ二九、円蔵寺で行なわれる[9]。

なお、綾川には、妻楽《がく》との間に実子がおらず、昭和初期に養女壽美子を迎えていた。壽美子には一子太郎がいたが五歳頃に早逝、自身もまた、一九六八（昭和四三）六月五日に満四十二歳の若さで没している。夫と娘に先立たれた楽も、一九七〇（昭和四五）年四月二三日に満七十二歳で亡くなり、武治の系統は断絶した。彼が遺したであろう膨大な史料・資料群も、とうに散逸、処分されてしまったらしく、埼玉県熊谷市の生家にも、全く残っていないとのことである。

【註】

（1）総理庁官房監査課編『公職追放に関する覚書該当者名簿　一般該当者』（日比谷政経会、一九五四年）三三三頁。

（2）綾川「弁護士事務所開設ニ付挨拶状」（湯本聡一郎宛葉書、一二三日消印）、埼玉県立文書館所蔵『湯本家文書』資料番号八七九八。

（3）ただ、一九五五（昭和三〇）年頃から、帝大興国同志会以来の朋友太田耕造らと、竹内賀久治の伝記編纂に携わっている。竹内賀久治伝刊行会編『竹内賀久治伝』（酒井書房、一九六〇年三月）五二一―五二三頁。

（4）弁護士としても同様で、例えば、一九五三（昭和二八）年に取り扱った二件の刑事裁判（横領、公職選挙法違反）や、一九六四（昭和三九）年に取り扱った一件（尊属逮捕監禁致傷）では、いずれも最高裁判所より上告棄却され、敗訴している。「最（一小）判：一九五三年一二月三日」。「最（一小）判：一九五四年三月四日」。「最（二小）判：一九六四年一二月九日」。

（5）宇野宗佑「追悼―中谷武世」、季刊『アラブ』第五六号（一九九一年三月）。

（6）ご親族の証言。

（7）社会問題研究会編『右翼事典―民族派の全貌―』（双葉社、一九七一年一月）二〇六、四六四頁。具体的活動については未詳（調査中）だが、戦後思想の諸潮流のなかでは、右派それも地方のマイナー団体として、ほとんど注目・評価されなかったようである。

（8）堀幸雄編『最新右翼辞典』（柏書房、二〇〇六年一一月）一二三頁。

（9）『埼玉新聞』（一九六六年一二月八日）七面。

総結

以上、これまで確認してきたように、戦前期における綾川武治の思想と行動は、やはり相当の影響力を発揮し、日露戦争終結以降の日本の国家意思が、紆余曲折を経て、日米開戦を「絶対確実な既定の事実」[1]として選び取っていく、その収斂の過程を、中途から加速させる役割の一端を、確かに果たしたと結論付けられよう。

高度の専門知識と分析能力を身に付けていた綾川は、諸々の事象を論理的に読み解き、そこに内在する複雑な問題性を整理して、明快に説明するすべに長けていた。その反面、個人として突出したカリスマ性——北一輝のような渡世人的気質、大川周明のような講談師的表現力、井上日召（昭、一八八六—一九六七）のような教祖的求心力、安岡正篤や権藤成卿（善太郎、一八六八—一九三七）のような純朴な青年層を惹きつける夫子的たたずまい、等々——に乏しく、時代を超えて、熱心な信奉者・愛読者を生むには至らなかった。[2]その在りようは、まぎれもなく、陽明学的——「物ヲ格《ただ》シテ知ヲ致ス」(3)——ではなく、朱子学的——「物ニ格《いた》リテ知ヲ致《きわ》ム」——な、現実＝既存の体制に即して自身の能力を最大限に活かすという、近代の官僚然たる優等生《エリート》のそれであった。

【註】

(1) 廣松渉『〈近代の超克〉論』(講談社、一九八九年一一月)一五八頁。

(2) 例えば、以下のような慷慨の散文詩があるが、硬すぎる印象はぬぐえない。「おお日本人よ。お前は、いま怖るべき毒酒に酔っている。異国の情人に迷い込んだ娼婦ども——新人などと誇称している——の、蠱《こ》惑的媚笑と鬼面的強迫との心術もて止め度なく差す杯を、宛然痴呆児の如く嬉笑しつつ、呑み干しまた呑み干している。……『全人類』は、今や、『偽人類主義』——実は白人優越主義——を粉砕すべく立った。土耳古《トルコ》は、いま『偽人類主義』の仮面を剥ぐべく孤軍力戦しつつある。然るに、吁《ああ》、憐れむべき日本よ。此の破邪の義戦に奮躍せる土耳古をも冷笑する迄にお前の魂は腐ったか。娼婦と売僧との毒酒甘言に翻弄せられ、此の『全人類』に開眼すべくも見えぬとは。……」。綾川「序に代えて」、『白人文明、人種問題及日本』(国本社出版部、一九二五年二月)一、二頁。

(3) 小島毅『近代日本の陽明学』(講談社、二〇〇六年八月)参照。

【巻末資料・1】

綾川武治戦前著書・論文等一覧

一、著書

『哲学講話叢書第一編／哲学総論』（柴田安正、香原一勢共著、東京刊行社、一九一九年七月）。

『哲学講話叢書第五編／心理学総論』（東京刊行社、一九二〇年二月）。

『哲学講話叢書第十二編／西洋哲学思潮大観』（下澤瑞世共著、東京刊行社、一九二〇年一一月）。

『哲学講話叢書第九編／近世哲学思潮大観』（久保勘三郎共著、東京刊行社、一九二〇年一二月）。

『欧米普通選挙史料』（聚芳閣、一九二四年三月）。

『各国憲政発達史概要』（講述記録、版元不明、一九二四年）。

『人種問題研究』（倉橋書店、後行地社出版部に移版、一九二五年二月）。

『白人文明、人種問題及日本』（国本社出版部、一九二五年三月）。

『誰れ《〔マヽ〕》にも解かる社会学の知識』（綾河武治名義、修教社書院、後河野商店に移版、一九二五年五月）。

『初めて研究する人の一般社会学』（『誰れにも解かる社会学の知識』再刊、中央出版社、一九二七年一〇月）。

『現代社会問題研究第十六巻／植民問題』（稲田周之助共著、同文館、一九二七年一一月）。

『近代思想と軍隊』（兵書出版社、一九二九年一月）。

『共産党運動の真相と毒悪性』（全日本興国同志会出版部、一九二九年四月）。

『世界史を転回せる日露戦争の偉業』（全日本興国同志会出版部、一九三〇年三月）。

『共産党運動の害悪』（全日本興国同志会出版部、一九三〇年四月）。

『将来の戦争と近代思想』（兵書出版社、一九三一年六月）。

『共産党を吾等が排撃する五つの理由』（禅の生活社、一九三一年一二月）。

『不穏思想の真相と其対策』（兵書出版社、一九三三年一二月）。

『社会学入門』（『誰れにも解かる社会学の知識』再刊、修養図書普及会、一九三四年六月）。

『思想研究資料　第百九号／将来の戦争と思想戦』（海軍省教育局、一九三四年一月）。

『我が大陸経営失敗の真相』（兵書出版社、一九三五年七月）。

『満洲事変の世界史的意義』（大陸国策研究所、一九三六年九月）。

『我が人口問題の危機』（日本協会出版部、一九三九年八月）。

『『皇国現下の思想粛正準則』解説』（日本協会出版部、一九四一年九月）。

『満洲事変の世界史的意義』（影印復刻版、満蒙地理歴史風俗誌叢書、韓国・景仁文化社、一九九七年五月）。

二、論文・記事等

「北向の窓にて」、第七高等学校造士館『学友会雑誌』第二四号（一九一二年六月）。

「十月の文壇」、『帝国文学』第一九巻一一号（石坂養平共執、一九一三年一一月）。

「十一月の文壇」、『帝国文学』第一九巻一二号（一九一三年一二月）。

「十一月の文壇」、『帝国文学』第二〇巻一二号（一九一四年一二月）。

「海外論叢　民族自決権（ヘンリ・ランバート）」（訳出）、『外交時報』第三二九号（一九一八年七月一五日）。

「海外論叢　マジャールと南スラヴ（*The American Review of Reviews* : June,1918.）」（訳出）、『外交時報』第三三一号（一九一八年八月一五日）。

「海外論叢　ユーゴースラヴィア（ボクミル・ヴォスニヤク）」（訳出）、『外交時報』第三三三号（一九一八年九月一五日）。

「人物評伝　ロマノフ朝の末帝」上・下、『外交時報』第三三四・三三五号（一九一八年一〇月一日・一五日）。

「海外論叢　妄想の国際連盟（ジー・ビー・ファース）」（訳出）、『外交時報』第三三四号（一九一八年一〇月一日)。

「海外論叢　海洋自由の意義如何(ジョージ・アストン)」(訳出)、『外交時報』第三三六号(一九一八年一一月一日)。

「海外論叢　チェッコ・スロヴァック民族(トーマス・ジー・マサリック)」(訳出)、『外交時報』第三三七号(一九一八年一一月一五日)。

「海外論叢　英帝国内の特恵貿易(ジョージ・フォスター)」(訳出)、『外交時報』第三四〇号(一九一九年一月一日)。

「遊食民を撲滅せよ」、『向上』第一五巻七号(一九二一年七月)。

「人種解放問題の真意義と日本」、『国本』第二巻一号(一九二二年一月)。

「民族・民族闘争及世界革命」、『解放』第四巻一号(一九二二年一月)。

「人口問題の根本的解決策」、『大民』第八巻五号(一九二二年五月)。

「白濠主義研究」一—八、『外交時報』第四二八・四二九・四三〇・四三三・四三五・四三六・四四〇・四四二号(一九二二年九月一日・九月一五日・一〇月一日・一一月一五日・一二月一五日・一九二三年一月一日・三月一日・四月一日)。

「侵略戦の前衛たる平和主義宣伝」一・二、『大正公論』第二〇・二一巻(一九二二年一一・一二月)。

「現代に跳梁せる詭弁」一—七、『大正公論』第二四—三〇号(一九二三年三—九月)。

「南阿鉱山大罷業の経過及特質」上・下、『経済資料』第九巻三・四号（一九二三年三・四月）。

「濠洲労働運動史概要」、『社会政策時報』第三一巻三二号（一九二三年四月）。

「最近モロッコ問題の推移」一—三、『国際法外交雑誌』第二二巻五・六号、二三巻一号（一九二三年五・六月、一九二四年一月）。

「大英帝国内の印度人排斥」、『東洋』第二六巻九号（一九二三年九月）。

「西班牙《スペイン》武人革命と最近の国情」、『外交時報』第四五七号（一九二三年一二月一五日）。

「国際社会問題としての生活標準」一—七、『外交時報』第四六一・四六三・四六四・四六八・四七八・四七九・四八四号（一九二四年二月一五日・三月一五日・四月一日・六月一日・一一月一日・一二月一五日・一九二五年二月一日）。

「排日真因隠蔽の諸勢力を論じ排日対策に及ぶ」、『東洋』第二七巻七号（一九二四年七月）。

「奴隷解放前に於ける米国黒人問題」、『大東文化』第二巻一号（一九二五年一月）。

「日本の創造すべき文明原理に対する一暗示」、『大東文化』第二巻二号（一九二五年二月）。

「最近印度独立運動の進展」、『大東文化』第二巻三号（一九二五年三月）。

「労農露西亜《ロシア》に対する実質的解釈」、『東洋』第二八巻三号（一九二五年三月）。

「種族的搾取と階級的搾取との交錯（別題複数：階級的搾取と種族的搾取との交錯、階級的搾取と種族的搾取、種族的搾取と階級的搾取）」一—六、月刊『日本』創刊号・第三—六・九号（一九二五年四・六―九・一二月）。

「トロツキー失脚とレーニズム壊裂」、『外交時報』第四八八号（一九二五年四月一日）。

「米大艦隊濠洲訪問の謎」、月刊『日本』第三号（一九二五年六月）。

「国際的に見たる生活標準問題」、『経済資料』第一一巻七号（一九二五年七月）。

「英国左派労働者文化生活要求の国際的意義」、月刊『日本』第五号（一九二五年八月）。

「国際的生活標準闘争論」上・中・下、『外交時報』第五〇三・五〇七・五一六号（一九二五年一一月一五日・一九二六年一月一五日・六月一日）。

「私の特異な学生々活時代」、『戦友』第一八七号（一九二六年一月）。

「鍛錬主義教育に帰れ」、『大東文化』第三巻一号（一九二六年一月）。

「反帝国主義者の矛盾（目次題：反軍国主義の矛盾）」、「経済学上より見たる東洋対西洋」上（下はその後掲載されず）、月刊『日本』第一一号（一九二六年二月）。

「鍛錬主義教育再論」、『大東文化』第三巻三号（一九二六年三月）。

「新東洋学の創建」、『大東文化』第三巻四号（一九二六年四月）。

「英国労資協同の東邦人圧迫の事実」、「残忍なる国際平和主義教育」、月刊『日本』第一三号（一九二六年四月）。

「嶋野三郎氏訳『西欧文明と人類の将来』を読む」、月刊『日本』第一四号（一九二六年五月）。

「生活標準問題研究」、『経済資料』第一三巻一号（一九二七年一月）。

「生活帝国主義」上・下、『外交時報』第五三八・五四一号（一九二七年五月一日・六月一五日）。

「国際的生存権問題」、『外交時報』第五五一号（一九二七年一一月一五日）。

「東洋無産者の特種〔ママ〕的地位」、宮本熊吉編著『魂の奪還』（宮本熊吉個人出版、一九二八年一月）。

「国際生存権の強調」上・下、『我観』第七一・七二号（一九二九年一〇・一一月）。

「東洋無産者の特種的地位」（再録）、宮本熊吉編著『人生の路標』（宮本熊吉個人出版、一九三〇年六月）。

「リベリア共和国事情」、『世界現状大鑑』第九巻（新潮社、一九三〇年七月）。

「帝国主義の変質と植民政策の転向」、『外交時報』第五九五号（一九三一年三月一五日）。

「飛來する外国機の怪行動」、『サラリーマン』第四巻九号（一九三一年九月）。

「人種隔離問題」、『外交時報』第六四三号（一九三一年九月一五日）。

「満洲国民族協和策私案二つ」、『外交時報』第六六三号（一九三二年七月一五日）。

「対支事変の根本問題」、『回天時報』第七巻一二号（一九三二年一二月）。

「東洋無産者の特種的地位」（再録）、植松丑五郎編著『融和論集』（植松丑五郎個人出版、一九三二年）。

「満洲国将来の指導原理如何」、『外交時報』第六九一号（一九三三年九月一五日）。

「日本の大陸政策」、佐藤義亮編著『日本精神講座』第三巻（新潮社、一九三四年一月）。

「非常時教育方策の検討」、『帝国教育』第六四〇号（一九三四年一月）。

「非常時と政治家」、『国本』第一四巻一号（一九三四年一月）。

「我が大陸政策史観」一–四、『国本』第一四巻二–五号（一九三四年二–五月）。

「純正日本主義運動と国家社会主義運動」、『祖国会パンフレット第一輯（国家社会主義を排撃す）』（一九三四年二月）。

「純正日本主義運動と国家社会主義運動」（再録）、『経済往来』第九巻三号（一九三四年三月）。

「読書人を語る」、『新天地』第一五巻五号（一九三五年五月）。

「満洲事変の神聖意義」、『大亜細亜』第三巻五号（一九三五年五月）。

「満洲国政治原理創成途上の一障礙」、『大亜細亜』第三巻七号（一九三五年七月）。

「新国際原則の創造」、『大亜細亜主義』第三〇号（一九三五年一〇月）。

「新国際原則の方向」、『大亜細亜主義』第三一号（一九三五年一一月）。

「満川さんの諸印象」、『維新』第三巻六号（一九三六年六月）。

「満蘇蒙国境紛争の真相踏査記」、『大亜細亜主義』第三九号（一九三六年七月）。

「紛議渦中の満蘇蒙国境線を踏査す」、『祖国』第八巻八号（一九三六年八月）。

「満蘇蒙国境紛議の真相」、『政界往来』第七巻八号（一九三六年八月）。

「満蘇蒙国境紛議発生の諸原因」、『外交時報』第七六二号（一九三六年九月一日）。

「外蒙国境を往く」、茂森唯士編著『風雲の満ソ国境』（太陽閣、一九三七年八月）。

「純正日本主義運動と国家社会主義運動」(再録)、北昤吉編著『ファッショと国家社会主義』(日本書荘、一九三七年二月)。

「英国の東方政策」、『政界往来』第八巻一一号(一九三七年一一月)。

「帝大問題の解決」、『政界往来』第九巻一二号(一九三八年一二月)。

「東洋人共同の神聖使命に目覚よ」、『回天時報』第一四巻二号(一九三九年二月)。

「民族的危機打開の急務」、『祖国』第一一巻五号(一九三九年五月)。

「文化地方分散の緊要性」、『祖国』第一一巻六号(一九三九年六月)。

「恒久的人口国策促進論」、『祖国』第一一巻一〇号(一九三九年一〇月)。

「思想的東亜新秩序」、『祖国』第一二巻六号(一九四〇年六月)。

「南総督政治の実績を視る」、『祖国』第一二巻八号(一九四〇年八月)。

「日蘇不可侵協定是非」、『祖国』第一二巻九号(一九四〇年九月)。

「佐渡巡講録」、『祖国』第一二巻一〇号(一九四〇年一〇月)。

「刻下喫緊の思想対策」、『日本及日本人』第四一二号(一九四二年九月)。
＊論題未確認のもの(調査中):『国本』第二巻三─八、一二号(一九二二年、発行月は号数に同じ、以下同)/第三巻一、三、五、六号(一九二三年)/第四巻一、三─六、一〇、一二号(一九二四年)/第五巻一─三、七、八号(一九二五年)/第六巻一号(一九二六年)/第九巻四号(一九二九年)

／第一二巻七号（一九三二年）。

三、その他

『埼玉県自警団事件経過真相』（口述筆記、謄写版、一九二三年）。

「序」、田中小二郎『ダラ幹は如何にして労働者を搾取したか　労働運動者懺悔記』（第一出版社、一九三一年三月）。

【巻末資料・2】

『満洲事変の世界史的意義』附録海外文献一覧

（「世界諸家の結論せる日露戦争の世界史的偉業」）

（1）英国マンチェスター大学歴史学教授ラムゼー・ミューア『欧羅巴膨張史』（Ramsey Muir : *The Expansion of Europe*, 1917.）。

（2）米国スタンフォード大学歴史学教授ピー・アイ・トリート『極東政治外交史』（P. I. Treat : *The Far East, a Political and Diplomatic History*, 1928.）。

（3）英国ケンブリッジ大学歴史学教授ホランド・ローズ『欧州諸国民発達史』（Holland Rose : *Development of European Nations*, 1911.）。

（4）米国ハーバード大学哲学史教授ヨシア・ロイス『人種問題及其他米国の諸問題』（Josiah Royce : *Race Questions and other American Problems*, 1908.）。

（5）印度ベル〔ママ〕ガル大学教授ビー・ケー・サルカル『青年亜細亜の未来主義』（B. K. Sarkar : *The Futurism of Young Asia*, 1922.）。

（6）米国極東問題研究大家トーマス・エフ・ミラード『米国と極東問題』（Thomas F. Millard :

America and the Far Eastern Question, 1909.）。

（7）米人史家ベンヂャミン・ブローレー『米国黒人社会史』（Benjamin Brawley : *A Social History of the American Negro*, 1921.）。

（8）英人思想家エッチ・ジー・ウェルズ『世界小史』（H. G. Wells : *A Short History of World*, 1924.）。

（9）米国デンヴァー大学社会学校《（ママ）》教授グローヴ・サムエル・ダウ『社会及社会問題』（Grove Samuel Dow : *Society and its Problem*, 1922.）。

（10）仏人史家モーリス・ムレー『白色人種の黄昏』（Maurice Murret : *The Twilight of the White Races (Crepuscule des Nations Blanches)*, 1926.）。

（11）米人世界政治学及世界史学者ハーバート・アダムス・ギボンス『亜細亜の新形勢』（Herbert Adams Gibbons : *The New Map of Asia*, 1919.）。

（12）前出米人史家ハーバート・アダムス・ギボンス『民族主義と国際主義』（H. A. Gibbons : *Nationalism and Internationalism*, 1930.）。

（13）米国スミス大学教授ハンス・コーン『民族主義運動史』（Hans Kohn : *A History of Nationalism in the East*, 1929.）。

（14）元万国議員同盟事務総長、ベルギー国政治学者シー・エル・ランゲ『議会政治の傾向（一九一一年国際人種会議々事録所載）』（C. L. Range: "The Tendency of Parliamentarism" edited in G. Spiller :

Inter-Racial Problems, 1911.)。

（15）英国倫敦《ロンドン》大学教授サー・ロバート・ケー・ドーグラス『欧羅巴と極東』（Sir Robert K. Douglas : *Europe and the Far East*, 1913.)。

（16）英国ブリストル大学教育学教授ジェー・エッチ・ニコルソン『諸国民の再造』（J. H. Nicholson : *The Remaking of the Nations*, 1925.)。

（17）倫敦《ロンドン》大学政治科学《（ママ）》教授グラハム・ウォーラス『政治学に於ける人性』（Graham Wallas : *Human Nature in Politics*, 1908.)。

（18）国際宣教師会議書記長ジェー・エッチ・オールダム『基督《キリスト》教と人種問題』（J. H. Oldham : *Christianity and the Race Problem*, 1925.)。

（19）ベルリン大学人類学教授エフ・フォン・ルシャン『人種の人類学的考察（一九一一年国際人種会議々事録所載）』（Felix Von Luschan : "Anthropological View of Race" edited in *Inter-Racial Problems*, 1911.)。

（20）英国文明史家ベンヂャミン・キッド『力の科学』（Benjamin Kidd : *The Science of Power*, 1918.)。

（21）英国元駐支総領事、陸軍中佐ピー・ティー・エサートン『太平洋の将来』（P. T. Etherton : *The Pacific, a Forecast*, 1928.)。

（22）前出ピー・ティー・エサートン『支那の危機』（P. T. Etherton : *The Crisis in China*, 1927.)。

（23）墺太利《オーストリア》旧貴族、哲学者グラーフ・グーデンホーフ・カレルギ『汎欧羅巴』（Graf Coudenhove Kalergi : *Pan-Europe,* 1925.）。

（24）英国貴族サー・レオ・チョッザ・マネー『白人の禍患』（Sir Leo Chiozza Money : *The Peril of the White,* 1925.）。

（25）英人文明批評家バシル・マシウス『人種の衝突』（Basil Mathews : *The Clash of Colour,* 1924.）。

（26）米国婦人記者マーゲリット・ハリソン『亜細亜の再生』（Marguerite Harrison : *Asia Reborn,* 1928.）。

（27）米国東洋問題学者アーサー・ジャドソン・ブラウン『極東の制覇』（Arthur Judson Brown : *The Mastery of the Far East,* 1921.）。

（28）前出ピー・ティー・エサートン、英国東洋問題著述家エッチ・エッチ・ティルトマン共著『日本』（P. T. Etherton and H. H. Tiltman : *Japan, Mistress of the Pacific ?,* 1933.）。

（29）米国ノース・ウェスターン大学外交及国際法教授ノルマン・ダイト・ハリス『欧羅巴と東洋』（Norman Dwight Harris : *Europe and East,* 1926.）。

（30）英国元支那税務官吏、支那問題学者ホーシー・ボロー・モース『支那帝国の国際関係』（Hosea Ballow Morse : *The International Relation of the Chinese Empire,* 1918.）。

（31）前出モース、米国極東問題学者エッチ・エフ・マックネーア共著『極東国際関係史』（H. B. Morse and Harley Farnsworth MacNair : *Far Eastern International Relation,* 1928.）。

（32）米国エール大学宣教及東洋史学教授ケンネス・スコット・ラツーレット『日本の発達』（Kenneth Scott Laturette : *The Development of Japan*, 1918.）。
（33）米国シンシネーチ大学歴史学名誉講師フィリップ・ヴァン・ネス・マイヤース『世界歴史』（Philip Van Ness Myers : *General History*, 1917.）。
（34）米国元フィリッピン総督テオードル・ルーズベルト「序文」、ピッキンス『亜細亜を蔽う暗雲』（"Preface" to R. S. Pickens: *Storm Clouds over Asia*, 1934.）。
（35）英国政治史学者ウィリアム・ケイ・ウォレース『近代史の三十年』（William Kay Wallace : *Thirty Years of Modern History*, 1926.）。
（36）支那駐在米国メソジスト派僧正ジェームス・ダブリュー・バッシュフォード『支那』（James W. Bashford : *China*, 1916.）。
（37）元カナダ、ノヴァ・スコチア・キングス大学学長ジャン・シー・ハンナー『極東史』（Jan C. Hannah : *Eastern Asia*, 1910.）。
（38）倫敦《ロンドン》タイムズ社編纂『歴史家の世界歴史』（*The Historian's History of the World*, 1908.）。
（39）米国宣教師、元同志社大学教授シドニー・エル・ギュリック『東洋の白禍』（Sidney Lewis Gulick : *The White Peril in the Far East*, 1905.）。
（40）前出、シドニー・エル・ギュリック『米国民主主義と亜細亜人市民権』（S. L. Gulick : *American

Democracy and Asiatic Citizenship, 1918.)。

（41）英人東洋問題研究家ランスロット・ロートン『極東の諸帝国』（Lancelot Lawton : *Empires of the FarEast*, 1912.)。

（42）英人元支那政府顧問シンプソン（文筆名プトナム・ウィール）『人種闘争』（B. L. Putnam Weale : *The Conflict of Colour*, 1910.)。

（43）米国著述家ウィル・デューラント『印度の立場』（Will Durant : *The Case for India*, 1930.)。

（44）米国ボストン、シモンズ大学歴史学助教授ジー・ナイ・ステーガー、フィリッピン大学人類学社会学教授エッチ・オットリー・バイヤー、フィリッピン大学自由芸術部分科長コンラド・ベニテズ共著『東洋史』（G. Nye Steiger, H. Otley Beyer, and Conrado Benitez : *A History of the Orient*, 1926.)。

（45）米人史家ロスロップ・ストッダード『有色人の昂潮』（Lothrop Stoddard : *The Rising Tide of Colour*, 1920.)。

（46）元英国印度官吏スタンレー・ライス『亜細亜の挑戦』（Stanley Rice : *The Challenge of Asia*, 1925.)。

（47）英国の東洋研究家ハーバート・エッチ・ゴーエン『亜細亜小史』（Herbert H. Gowen : *Asia, a Short History*, 1926.)。

（48）米国基督《キリスト》教宣教師ジー・ジー・ラパート『黄禍論』（G. G. Rupert : *The Yellow Peril ; or The*

Orient. vs the Occident as viewed by modern statesmen and ancient prophets,1911.)。

(49) 米国紐育《ニューヨーク》ヘラルド紙外国通信員パトリック・ゴーラハー『米国の目標と亜細亜の熱望』（Patrik Gallagher : *America's Aims and Asia's Aspiration*,1920.)。

(50) 英国元駐支外交官アーキボールド・リットル『極東』（Archibald Little : *The Far East*,1905.)。

(51) 洪国《ハンガリー》貴族ヴァイ・ヅ・ヴァヤ、同ルスコッド共著『東洋巡遊記』（Count Vay de Vaya and Luskod : *Empires and Emperors of Russia,China,Korea and Japan*,1906.)。

(52) 米国主要寄稿家ナタニエル・ペッファー『白人の自家撞着』（Nathaniel Peffer : *The White Man's Dilemma*,1927.)。

(53) 米国ウェスレイヤン大学歴史学首席教授ジョージ・マッシュー・ダッチャー『東洋の政治的覚醒』（George Matthew Dutcher : *The Political Awaking of the East*,1925.)。

(54) 英人極東問題研究家ステフェン・キングホール『西洋文明と極東』（Stephen King-Hall : *Western Civilization and the Far East*,1924.)。

(55) 英国貴族サー・フレデリック・ホワイト『二十世紀の亜細亜』（Sir Frederik Whyte : *Asia in the Twenty Century*,1926.)。

(56) 仏国ソルボンヌ大学地理学教授エー・ドマンゼオン『欧羅巴の奈落』（A. Demangeon : *America and the Race for World Dominion (Le Declin de L'Europe)*,1921.)。

（57）英国グラスゴー大学地質学教授ジェー・ダブリュー・グレゴリー『有色人の脅威』（J. W. Gregory : *The Menace of Colour*, 1925.）。

（58）英人元支那関税改正委員会副会長レオナルド・エー・リオール『支那』（Leonard A. Lyall : *China*, 1934.）。

（59）米人元北京国民大学政治学教授ミンチェン・ヨシュア・バウ『支那と世界平和』（Mingchien Joshua Bau : *China and World Peace*, 1928.）。

（60）前倫敦《ロンドン》タイムズ外報部長バレンチン・チロール『西洋と東洋』（Sir Valentine Chirol : *The Occident and the Orient*, 1924.）。

（61）英国軍事評論家サー・フランク・フォックス『太平洋の争覇』（Sir Frank Fox : *The Mastery of the Pacific*, 1928.）。

（62）米人元支那帝国大学総長ダブリュー・エー・ピー・マーチン『支那の覚醒』（W. A. P. Martin : *The Awaking of China*, 1907.）。

（63）英国元印度官吏ケイ・ティー・ポール『英印関係』（K. T. Paul : *British Connection with India*, 1928.）。

（64）英国政治外交史学者レオナルド・ウルフ『帝国主義と文明』（Leonard Woolf : *Imperialism and Civilization*, 1928.）。

(65) 中華民国前大総統孫中山先生『三民主義』(民国一五〈一九二六〉年版)。
(66) 前出孫中山先生『大亜細亜主義』(講演筆記、於神戸高等女学校講堂、一九二四年一一月二八日)。
(67) 印度志士アール・ビハリ・ボース「印度は更正しつつあり」(新聞『日本』昭和四〈一九二九〉年三月一〇日号)。

(注記)

所属・肩書・人名・文献名は、全て綾川の表記に従った。ただし、英語の表記には、原著を参照の上、若干の修正を加えた。また、文献の刊行年は、綾川の参照した版のものである。

【巻末資料・3】

将来の戦争と思想戦

綾川　武治

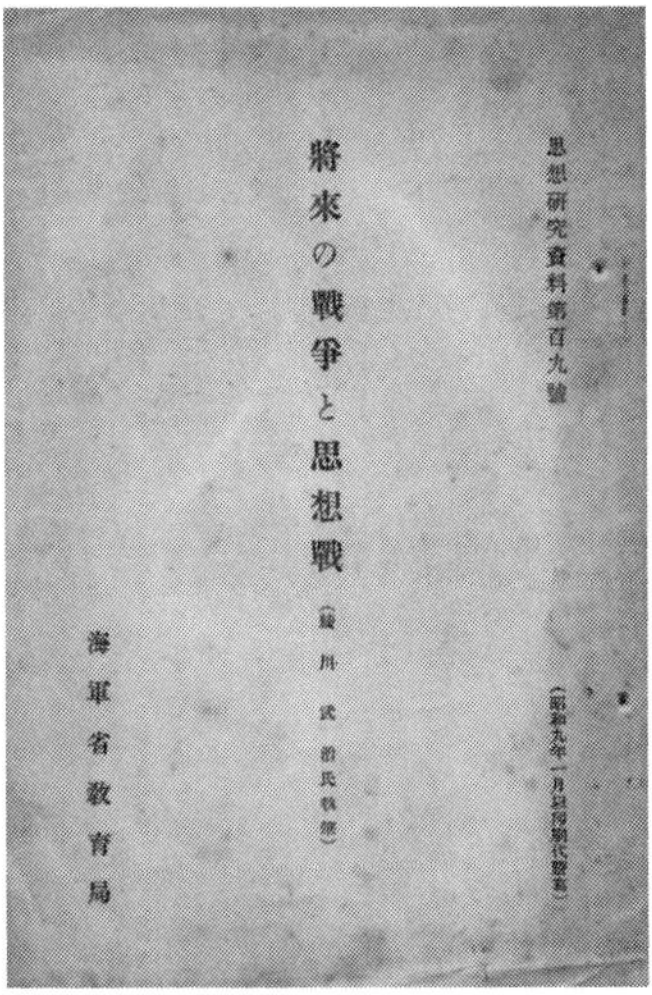

『思想研究資料　第百九号』（一九三四（昭和九）年一月）

〔解説〕

本資料は、海軍省教育局（局長：中村亀三郎少将）の依頼により綾川武治が執筆し、一九三四（昭和九）年一月に印刷・部内配布された冊子『思想研究資料　第百九号／将来の戦争と思想戦』である。公共蔵書としては、現時点では一部、海上保安大学校図書館「旧海軍大学校図書」に所蔵が確認されるのみであり、稀少性も考慮して、ここに全文収録する。人種問題に基礎を置く戦争史観や思想戦対策理論など、綾川思想の大枠をつかむには好個の史料であると同時に、国家安全保障会議（日本版NSC）の設置や特定秘密保護法の成立（二〇一三年十二月）など、現代日本のインテリジェンス政策に関して、戦前を参照しながら議論を深めていく上でも、一つの有益な資料となり得よう。

（木下　宏一）

目次

第一章　世界大戦の教訓と思想戦の重要化

一　世界大戦の与へた矛盾せる二教訓

過般の世界大戦は、有ゆる点に於て人類有史以来未曾有の大戦争であつたが、戦争の規模が大であつた丈けに、その損害も莫大であつた。費やす所の直接戦費三千七百億円、間接戦費二千億円、合計六千七百億円を算し、参戦国数三十一箇国、参戦総兵数約六千万、戦死傷者二千七百万に達し、其他各国の経済、各国の人口に及ぼせる損害は、実に驚くべき莫大額に達したのである。而かもこの損害は、人類の中でも文明を誇る所謂先進国が受けたので、従つて人類に及ぼした精神的影響は、甚人であり痛切であつた。この精神的影響は、世界大戦によつて人類が受けた教訓に外ならなかつた。

第一の教訓は、世界大戦が人類の自己破壊に終つたことから、斯る自己破壊の惨禍を繰り返さない努力を払へといふことであつた。この動機から、所謂戦争防止の為めの平和運動が起つたのである。各国に平和運動が起つたのみでなく、国際間に平和運動が起り、国際平和保障機関として国際聯盟が組織され、更に軍備縮少の国際会議が頻りに開かれ、不戦条約が締結せらるゝに至つた。今尚ジユネーヴに於て軍縮会議が進行中である。

第二の教訓は、将来起ることのあるべき戦争に対し、各国は如何に準備すべきかといふ問題に関する考慮乃至活動である。各国に新兵器の研究、新戦術の研究が起つた一方に於て、国家総動員の計画が進めらるゝに至つたのは、その現はれである。殊に各国は、国家総動員の計画に最も鋭意するに至つたが、そは将来の戦争が単に武力戦に止まらず、総国力戦たることを予想し、国家の一切の機関を戦争に利用すべく準備する計画を立てたのである。兵器、兵種、組織、訓練が軍隊方面に於て面目を一新したのみでなく、民間方面の事業も戦争の為めに準備されることゝなつたのである。

この両者の教訓中、孰れがより多く各国を動かしつゝあるかと言へば、勿論後者である。戦争防止の為めの平和運動と雖も、実質的にこれを見れば、寧ろ戦争準備の手段若くは戦争の前衛戦戦術と認むべき点が多いのである。例へば、一国が他国に対して平和主義の宣伝を行ふ時、宣伝受容国の側に於ては、平和熱勃興と共に、戦争嫌悪の思想を旺盛ならしめ、一旦宣伝発出国と戦争状態発生するとも、戦はざるに先つて戦意減殺志気阻喪の状態に置かれ、即ち精神的に既に戦敗状態に置かれるのであつて、斯くの如き国民に戦争に全力を挙げることは到底不可能であり、終局の勝利は全然望み難いと謂はなければならない。然らば即ち平和主義宣伝は、一の戦闘武器に外ならず、最も経済的にして有効なる武器と認むべきである。

かく大戦後の各国は、次いで来るべき将来の戦争の為めに準備するに汲々として、平和運動、軍備縮少会議をも、これに利用し、如何にして他国に対し一旦緩急の際勝利を占むべきかの顧慮に全力を傾倒して居るのである。

二　矛盾は人性の根本に発す

一方人道の名に於て平和運動を起しつゝ、一方将来の戦争に対する準備に汲々たるか、斯くの如きは矛盾も甚しいと謂はねばならない。けれども斯くの如き矛盾は、人間性の根本から発生し来る現象であるから、人類の根本性が一変せざる限り、人類に附き纏ふ宿命的矛盾現象と認むるの外はない。古来哲学上に於ても、性善説と性悪説とが相対峙した〔ママ〕来たが、孰れも楯の一面を見たにすぎず、未だ両面を見たものでない。心理学の方面からすれば、人間には利他的本能もあれば、利己的本能もあり、協和性もあれば争闘性もあると言はれて居る。これ等の説は、平和か戦争か孰れも共に人性の根本から出発することを裏書きするものでなければならない。

最近に於て、戦争の原因が人性の根本にありと主張した最有力説は、ダーウインの『進化論』によつて提供された。ダーウインは、生物には、悉く自己保存と、種族保存との根本的欲求があり、各生物が常にこれを実現せんと努めつゝあるも、而も無限の繁殖をなすことなく、自然界が或る限度の平均を保ちつゝあるは、彼等の間に不断の競争があり、彼等が常に淘汰せられつゝあるからであると結論した。この『生存競争』『自然淘汰』の理法は、生物界従つて人間界にも儼然として行はれて居るのである。而してこの理法は、人類個体間に行はれるのみに止まらず、集群と集群、種族と種族、民族と民族、国家と国家との間にも必然に行はれる。斯くて国家は、自己の至高至善の無限的発展を求めつゝ、一方に於て対他的に常に優者として生残せんことを求めて止まないのである。されば、若し他国より自国の生存を奪はれんとし、若くは発展を阻害せられんとする時、必ずその他国に対し全力を挙げて防衛の手段に出づるのである。これ人類の本性、国家の本性の然らしむる所に外ならないのである。

三　戦争原因の不滅と深刻化

人類の過去の歴史に徴すれば、戦争の種類に、種族戦争、宗教戦争、征服戦争等があつたが、文化の発達する今日及び将来に於て、種族間勢力争ひの為めの種族戦争、異宗教及び異教徒の勢力打破の為めの宗教戦争、個人的英雄乃至優強国家の名誉欲権力欲満足の為めの征服戦争等は、その跡を絶つものと考へねばならない。何となれば、これ等の戦争原因は、正当の理由として第三国からもまた自国民からも是認せられ得ないからである。恐らく将来の戦争の主要なる原因を成すものは、経済的のそれであらう。即ち経済戦争であるが、それが深刻化したものは、生存権戦争となるのである。

由来国家がその存立を保持する為めには、その国民の生活資料を確実に得ることが必要である。領域広大、土地肥沃、従つて一国領域内に産する生活資料を以て優に国民の需要を充たすに足る国家に於ては、国民生活問題の窮迫することはないのであらうが、国土狭少、資源貧弱なるに拘らず、人口多く而もその増殖甚しき国家に於ては、国民生活問題が痛切化せざるを得ない。生活資料の自給自足を得ざる国家は、勢ひ之を他国より購入するより外はないが、かくては国内に於ける生活必需品の価格割合〔ママ〕に高くなり、常に生活難に脅やかされ、一朝有事の際に於ては国外よりの供給杜絶するに至らば、その惨状言語に絶するものあること明白に推知し得られるのである。かゝる国家は、その国民精神旺盛なる限り、この国民生活の不安を除去せんとして、常に国外に資源供給地と人口との移植先とを求めて止まないであらう。

世界に於て、資源供給衡平の原則と、移民自由との原則が確立されて居るならば、斯る勃興的気運にある国家の欲求を満足せしめて、何等の紛争も起る余地がないのであらう。けれども現下の世界に於ては、資源は、殆んど所謂先進諸国によつて独占され、移民の自由は、之等諸国によつて鎖されて居る。即ち之等諸国は、自国々民の生活資料の供給地、生活圏域を確保せんが為めに、他国民に開放することを肯んじないのである。之等諸国にとつて重大事は、生活資料の直接の必要よりは、生活資料の将来に於ける確保である。この将来生活資料の確保欲求と、生活資料直接要求との衝突が、戦争となつて実現することは、世界現勢から見て充分に予想せられる所である。これこそ、経済戦争でなくて何であらう。

更にこれを人種的に見れば、世界陸地の八割は、白人諸国の勢力下に帰し、世界人口の三分の二強を占むる有色人は、世界陸地の二割の地域に封じ込まれて居るが、然らずんば白人支配下に置かれて居るのみでなく、移民の自由を剥奪されて、世界の有望地域に移住することを白人側によつて拒否されて居るのである。この不自然不合理なる有色人差別待遇は、将来世界の紛争の種とならずには措かないであらう。これは白人の国際生存権のみを是認し、有色人の国際生存権を剥奪するものであり、この有色人側の生存権確保の要求が、必ず或種の国際的紛争の原因となるであらうことは何人も否み得ない所であらう。然らば即ち生存権主張を原因とする戦争が起ること、これまた何人か否むことが出来るであらうか。

四　有色人の生存権剥奪と白人先進国の専横

かく有色人の生存権を剥奪して置き乍ら、白人側は、生活標準論を精緻なる理論的基礎の上に組織して、経済理論乃至文明原理を以て、有ゆる宣伝機関を動員して世界に放送しつゝあるのである。例へば現実に北米合衆国、濠洲、新西蘭、加奈陀、南阿聯邦から有色人移民を排斥しつゝあるが、この排斥の根拠を有色人は低生活標準民族であり、従つてその移入は白人の高生活標準を脅やかし、即ち白人の生活及び文明を危ふくするものなるが故に、白人の生活及び文明を擁護する為め、有色人の移入は正当に拒否せらるべきものであるとして、これ等諸地方の有色人排斥を根拠づけて居るのである。

我が日本に於て北米合衆国から移民排斥を受けた時、それは米国太平洋岸一部の国民の為す所であつて、全米国民の意図ではないといふ議論が宣伝されて居たが、米国に於ては、社会学者、経済学者、倫理学者、哲学者に至るまで、米国民の生活標準擁護の為めに、低生活標準にある日本人移入を拒否排斥するのであり、それは正当であり当然であるとして、殆んど一人として、原則的に日本人排斥に反対するものはなかつたのである。かゝる理論を有するものは、米国のみでなく、濠洲に於て、加奈陀に於て、南阿聯邦に於て、悉く然りであつて、即ち白人全体の是認する所であつた。国際聯盟組織の際、我が日本提案の人種平等案が通過しなかつたのは、白人側の有色人移民排斥を否認することゝなり、従つて有色人移民を許容しなければならなくなるからであつた。更に国際聯盟は、聯盟規約第十五条第八項に於て『国内管轄の事項』を聯盟理事会に於て取扱はざる旨を規定したが、この『国内管轄の事項』というのは、規約作成当時の事情からすれば、人種平等案を日本が提出したゝめに案出し挿入されたものであつて、有色人移民排斥、有色人差別待遇等の人種問題を意味すること明らかである。其後世界移民会議（World Immigration Conference）が、数回開かれ、世界の識者が参集したが、この会議に於ても、移民が低生活標準国民なる時、移入国の生活標準を引下ぐる危険あるが故に、移入国が排斥制限しても正当であるといふ決議が繰り返されたのである。斯くて有色人は、理論のみならず、凡ゆる国際機関を通じて、その国際的生存権を剥奪されて居るのである。

五　白人先進国の戦争原因醸成と平和主義宣伝の陰険性

果して然りとすれば、これ等の国際機関を主宰しつゝある白人先進国が、自ら戦争原因を育成しつゝあるものと断ぜざるを得ないのである。而も斯る経済的戦争の原因を醸成しつゝある白人先進国は、一方に於て頻りに国際平和主義を宣伝し、軍備縮少、国際不戦を提唱して居る。而して英米両国は、この運動に最も熱心である。何が故にこの二大先進国は、国際平和を、かくも熱心に主張するのであるか。

　国際平和の実質的内容は、世界現状維持に外ならない。世界現状維持によつて最も多くの利益を受けつゝあるものは、この二大先進国であり、亜いで白人諸国である。この利益を擁護し、その脅威と危険とを予め除去し置かんが為めの手段として国際平和主義が宣伝せられるのである。斯る国際平和主義の宣伝は、甚だ不純なる動機によるものであり、真正なる平和状態を要求してのものでない。現状打破せらるべき原因を、即ち戦争原因を其儘に放置して、否寧ろ自ら戦争の原因を醸成激成しつゝ、国際平和を主張するは、矛盾極まるものであり、甚だ得手勝手と謂はざるを得ない。

　軍備縮少会議も、真正なる国際平和を冀求してのものでなく、事実は、国際平和を看板にして、各国互に他国の軍備を縮少せしめ、即ちこれを劣勢に下して、自国の軍備は常に比較的優勢地位に置かんとする外交戦であり、平和の為めの軍備縮少会議にあらず、戦争の為めの会議に外ならないのである。更にこれを分解して言へば、軍備縮少会議は、外交的手段によつて他国の物質的武力を破壊削減する機関であり、国際平和主義宣伝は、他国の精神的武力を破壊削減する手段である。殊に国際平和主義の宣伝は、陰険極まる他国武力の破壊手段である。戦はざるに先つて、先づ相手国の戦闘的精神、精神的抵抗力を破壊した勢《〔ママ〕》も喪失せしむるものであり、極めて安価にして有効なる戦争手段といふべきである。吾人は、国際平和主義の宣伝が、平和の結果を招来せんが為めに用ゐられるものでなく、戦争準備の為め、戦争の手段として用ゐられる事実を、十分に理解し置くべきである。

六　将来の戦争に於ける思想戦の苛烈化と其対策

斯る戦争手段としての国際平和主義の宣伝は世界大戦後大に行はれるに至つたのであるが、それは、先進強大諸国が、世界大戦中に於て、宣伝手段の、甚だ経済的にして有効なる武器なることを実験したからである。世界大戦中に於ては、平和主義の宣伝よりは、寧ろ戦争を自国に有利に導かんとする、明白に戦争手段である宣伝を用ゐたのである。聯合国側は、独逸に対する自国民の敵愾心を鼓舞し、第三国の独逸に対する同情を失はしめんが為めに、『独逸軍国主義の非人道』を宣伝し、伊太利を参戦せしめ、墺太利内諸民族の分裂を来たしめんとして、『民族主義の為めの大戦』を宣伝し、北米合衆国を参戦せしめんとして、『民主主義擁護の為めの大戦』を宣伝し、独墺同盟国側は、露西亜戦線崩壊の為めに、共産主義社会主義の宣伝を利用したのである。革命後の露西亜は、独軍将兵戦意喪失の為めに、また独逸国内攪乱の為めに、共産主義の宣伝を頻りに放つたのである。殊にこの最後の共産主義思想宣伝は、絶大なる効果を発揮し、戦争其者に於ては敗北して居なかつた独逸側は、自国内に革命が勃発した、めに、降伏の止むなきに至つたのである。即ち世界大戦を終結せしめたのは、武力戦に非ずして、思想戦であつたといふ事実を、世界はまざ〳〵と実見したのである。

世界大戦は、かくて思想戦殊に宣伝戦の重要さと有効さとを教えたのである。吾人は将来の戦争に於て、直接戦にあらざる間接戦たる思想戦が、如何に重要なる役割を為し、而して如何なる形態に於て、如何なる方法に於て、戦はれるか、更に如何に戦はねばならぬか、世界大戦の事実を徴しつゝ、十分に研究し置かねばならぬのである。

第二章　将来の戦争形態

従来世界に行はれ戦《ママ》争の中で、先年の世界大戦は、単なる武力戦のみでなく、凡ゆる戦争手段の用ゐられた、最も大規模なる国力戦であつた。而してこの世界大戦は、将来の戦争が同様なる国力総動員を以てする戦争なることを、最も如実に教示したものであつた。敵国を屈伏せしめる為めには、武力戦のみでなく、経済戦、外交戦、思想戦等の間接戦が、益々多く行はるべきことを教示したのである。戦後各国が相競つて、所謂国家総動員計画を頻りに講ずるに至つたのは、世界大戦に於て大に教えられる所があつたからに外ならないのである。

然らば、将来の戦争形態は、如何なるものであらうか。今簡単にこれを表記すれば、以下の如くである。

- 直接戦（武力戦）
  - 陸軍戦……………
    - 野戦軍の戦闘
    - 各種化学戦
    - 戦線内に於ける間諜戦、宣伝戦
    - 敵国要地の破壊等
  - 海軍戦……………
    - 艦隊間の戦闘
    - 要塞の攻囲、破壊
    - 自国海上交通掩護、敵国海上交通路遮断
    - 敵国要地、艦隊根拠地の破壊等
  - 空軍戦……………
    - 空中戦闘
    - 敵国要地の空襲
    - 戦闘内宣伝戦参加
    - 自国要地の空中防衛等

- 間接戦（非武力戦）
  - 経済戦
    - 敵国経済力の破壊、経済攪乱
    - 敵国に対する経済封鎖
    - 経済封鎖対抗手段
    - 敵国戦費調達の妨害
    - 自国戦費調達の円滑完行
    - 総動員資源の獲得保持
    - 国民生活の安定保障策等
  - 外交戦
    - 正義戦の輿論及同情の喚起
    - 第三国の敵国への加担妨遏阻止
    - 国際的孤立の回避
    - 国際的地位の優越確保
    - 外交手段により戦局有利誘導等
  - 思想戦（謀略戦）
    - 間諜戦
      - 敵国政情、経済及軍事状態の報告
      - 敵国内異民族不平分子及社会主義者の煽動並に操縦
      - 国家総動員の妨害
      - 軍需品工場及倉庫の破壊
      - 発電所電路、水道、瓦斯施設の破壊
      - 道路、鉄道、其他交通機関の破壊
      - 同盟罷業、農民一揆の煽動及助長
      - 暴動、反乱の煽動及指導
      - 要路者暗殺、国体政体顛覆の策謀等
    - 宣伝戦
      - 敵国政治的思想的動揺の激成
      - 敵国民戦意喪失への誘導
      - 敵国内平和運動誘発
      - 社会主義共産主義思想の拡布
      - 外交失敗への誘導
      - 第三国の敵国への同情喪失手段
      - 敵国内暴動の誘発助成
      - 戦争を内乱に転化し国内革命への誘導等

第三章　開戦時の情形と国内対策

一　開戦時の緊張状態

或は戦争起るにあらずやとの空気甚だ濃厚なる時、交戦に入らんとする当事国の国内のみならず、世界各方面に流言飛び宣伝交錯し、異常なる緊張状態を生じ、人心の不安甚しきものあるは必然である。この時に於て戦争に関する論議盛んに行はれ、宣伝戦、間諜戦劇甚を極むることまた明白である。この開戦前の思想戦に於て、交戦に入らんとする当事国の最も努力せざるべからざる喫緊事は、国論の統一であり、これを妨害する一切の言論行動を抑止する思想取締策である。国論の統一は、精神的総動員であり、行はれんとする戦争に対する思想的精神的の後援である。これなくして戦争を有利に行ふことは出来ないのである。この時国論統一を妨害する主たる運動は、平和主義及社会主義の運動である。

外交戦、経済戦、間諜戦、宣伝戦等の手段も必要であるが、開戦前に於て先づ為さねばならぬ最大必要事は、国論分裂者の処置対策である。而して積極的に国論統一対策に進むことである。国論統一策の根本要訣は、自国の行はんとする戦争の正義防衛戦であり、相手国の不正侵害を打破する正義の為めの防衛戦なることを国民に徹底せしむるにある。

二　開戦時の衝動と対策

開戦前の緊張状態は、愈々開戦となるや、一転して心理的には衝動状態となり、延いて経済方面に於て一種の恐慌状態を呈するに至る。開戦当時の独逸国内の状態を記述せる一文献を引用すれば、以下の如きものがある。

『一九一四年八月一日午後、独逸全軍に動員令下り、其告示文の路傍の広告塔に貼付せらるゝや、市内は一時に鼎の沸くが如き混乱状態を呈し、老幼男女の路上に東奔西走するを目撃し、雑沓は深更に至る迄止まず、随所に叫声を聞き、商人は掛金の取立に狂奔し、主婦は食料品の買溜めに熱中し、食料品は忽ち品切れとなり、一般の物資も忽ち暴騰し、数時間に二三倍となり、銀行及貯金局は取付を受け、或は郊外に配置せし各地点の歩哨は、夜間屢々発砲し、応召将校の自動車にて行路を急ぎつゝあるを誤つて射殺したる等の事故も発生したり云々』

開戦当時に於て交戦国の国内に起り得べき重大事象を挙ぐれば、

一　陸海軍の動員開始
二　宣戦の布告
三　国家総動員の開始（産業及び交通諸機関の戦時統制）
四　敵国人処置の実施
五　経済的、社会的の動揺混乱
六　左傾分子、間諜の国家攪乱運動開始
七　国内整備及び戒厳の施行

等であるが、この中最も重大視すべきは、開戦時の衝動及び戦時非常政策の実行による経済的社会的の動揺混乱である。開戦時に於ける交戦国の国内対策は、主としてこの動揺混乱の鎮静策でなければならない。

如何に冷静なる国民と雖も、開戦となれば、凡ゆる犠牲を払い生命をも賭して行はねばならぬ事件の勃発であるから、先づ心理的に一大動揺を感ぜざるを得ないであらう。次いで非常政策の実行により、経済的社会的の混乱状態を生ずるであらう。開戦時に於て、より多く国内の動揺混乱を生ぜしめたる国は、それだけ多く戦局の不利を招かざるを得ず、戦敗の可能性をより多く持つのである。即ち兵員動員、国家総動員の敏速なる進行を阻害し、国民精神の統一を破壊し、従つて戦闘力を減殺され、敵国に乗ぜられる機会を作るに至るのである。故に交戦国政府の開戦直ちに行はねばならぬ緊要事は、経済的社会的混乱鎮圧策でなければならない。それは、国内警備策であり、国内警備策を最も完全に行はんが為めの戒厳の施行である。

国家総動員の実行は、直接戦争の必要の為めでもあるが、一方に於て、経済的社会的戦時統制を行ふことは、経済的社会的動揺混乱を鎮圧防止することゝなり、一種の国内警備策といふことが出来る。けれども国内警備策の最も有効なるものは、戒厳の施行でなければならない。

三　戒厳の効果、戒厳施行の時機及び併行対策

戒厳とは、戦時若くは国家事変に際し、兵力を以て全国若くは一地方を警備するを要するが為めに、国家統治作用の全部又は一部を軍隊の権力に移すことを謂ふ。戒厳の動力は、その布告地域内に於て、通常法律の効力を停止し、統治の権力を軍隊に帰せしむるにある。従つて（一）戒厳の宣告と共に戒厳地域に於ける地方行政事務及び司法事務の全部又は一部を軍司令官の管掌に帰し、民事刑事の別なく、総て軍法会議に於てその裁判権を行ふことを得、（二）戒厳地域内に於ては、集会結社の自由、出版の自由、居住移転の自由、住所の不可侵、所有権の不可侵、信書の秘密等に関する通常法律の効力停止せられ、司令官は、之等の自由に対して特に厳重なる拘束を加ふるの命令を為し又は之を強制するの権を有するが故に、この戒厳の施行は、開戦時に於て、敵間諜及び左傾過激革命主義者の策動を防止し取締り、彼等の策動を奏効せしめず、国内の治安を維持するに極めて有効なる措置策であるといはなければならない。

戒厳施行の時機は、動員下令後であつてはならないこと勿論であるが、動員下令前に為すべきか、動員下令と同時に為すべきかゞ問題である。世界大戦勃発当初に於て、一九一四年七月三十日、動員に先《〔ママ〕》つて戒厳を施行した独逸が、八月二日動員下令と共にこれを施行した仏蘭西よりも、動員の敏造円滑なる進行、国内動揺の鎮圧に成功し、戦局を有利に展開した実例は、動員下令前の施行が有効なるを教示するものでなければならない。

我が日本に於ては、明治十五年太政官布告第三十六号として戒厳令を規定してゐるが、これは合囲戒厳と臨戦戒厳とに区別され、外敵より包囲を受けるか、又はその地域が戦場となるかの場合に限られ、即ち外敵襲来の場合のみを規定して居る。けれども先年関東大震災の際、勅令を以て戒厳令の一部を適用して対内的戒厳が行はれ、必ずしも合囲乃至臨戦の場合にあらずとも、国内騒擾防止の為めの戒厳を施行する例を開いたのである。外国には、最近独逸の『政治戒厳』の例の如く、対内戒厳は屢々行はれて居るのである。我が国に於ても、今後は合囲臨戦の場合に限らず、対内戒厳の行はるゝものと考ふべきであるが、戒厳は、この場合対内警備策の意義を最も明確に発揮するものといはなければならない。

孰れの場合の戒厳施行に於ても、必ずこれと同時に行はれなければならないのは、国民精神喚起の為めの宣伝である。世界大戦勃発当初、独仏両国が戒厳の施行と共に、国民の敵愾心統一せられ、暫らくの間先づ無難なる程度に国内の秩序保たれたに対して、露国が開戦当初より国民精神一致を欠き、野戦戦線にも影響を及ぼし、軍の士気振はず、敗戦につぐに敗戦を以てしたるは、この用意と努力とを欠ける為めであるといはなければならない。この実例に徴すれば、戒厳と同時にこの併行対策を実施せざるべからざること極めて明確である。

第四章　間諜戦の態様と其対策

一　間諜の意義と其任務

間諜は、刑法及び国際法の規定する所によれば、単に敵国の情報を収集するものとなつて居る。例へば、我が日本の現行刑法第八十五条の規程は、『敵国に通知する目的を以て隠密に又は虚偽の口実を以て帝国の軍事上の機密を探知し若くは軍事上の秘密に属する図書物件等を収集するもの』とし、国際法に於ては、『一方の交戦者に通ずるの意思を以て他の一方の作戦地帯に於て隠密に行動し又は虚偽の口実を構へて各種の情報を蒐集し若くは蒐集せんとする者』として居るのである。

けれども間諜密偵政策の盛行せる今日に於ては、間諜の任務範囲著しく拡大し、情報に於ても、単に軍事上の機密即ち兵器の精粗、兵器弾薬の秘密製法、兵員の多寡、軍隊の進退動静、策戦方略、軍隊の屯集地点、要害地の状況、道路の険夷、軍港の広狭深浅、其他国防営造物の状況等『総て交戦国の一方に知らしめざるを利益とする事項にして、未だ交戦国の一方の知らざる事項を、交戦国の一方に告知する』に止まらず、政治上、経済上、社会上の情況をも偵知報道するに至つたのみでなく、更に進んで敵国に種々の宣伝を放ち敵国の国内動揺乃至騒乱を生ぜしめ野戦に全力を注ぐを得ざらしめ、又は内乱革命を煽揚して敵国民自身の手によつて内部崩壊せしむる等の策動に出で、また交通機関又は其他重要営造物を破壊し、敵国要路者を暗殺して政治的混乱を生ぜしめ、平和運動を煽揚して戦意を喪失せしめ、不平分子共産主義者を利用操縦して叛乱を企てしめ、かくて敵国の物的及び心的の戦闘力を破壊するといふが如き任務をも包含するに至つたのである。

二　間諜の種類

間諜には、『平時間諜』『戦時間諜』の別もあるが、また所属国別に見れば、自国人、敵国人、第三国人の三つの場合がある。自国人にして敵国の間諜たるものは、『内間』、敵国人または第三国人たる場合は『外間』といふ。また間諜が直接本国の指揮命令を受けて駆使される場合は、『直接間』といひ、間諜の指揮命令を受けて活動し、本国直接の指揮下にあらざる場合、『間接間』といふことが出来る。また間諜を防禦する為め、敵国間諜の職能を破壊する為めの間諜を『逆間諜』といふ。

三　大戦中間諜の活動状況

最近に於て最も間諜戦の激甚を極めたのは、世界大戦であつた。大戦前一両年前から、欧洲に於ては、大戦前哨戦としての間諜戦が頻りに行はれ、墺匈国参謀大佐レッドルは、一九一三年春、露国間諜の為め軍事機密の多くを奪はれ、遂に自殺の止むなきに至つた。露国宮中及び陸軍省内にまで、独逸側の間諜網が張られ、怪僧ラスプーチンの売国行為、露国陸相ソポムリノフの売国行為は、悉く独逸の間諜戦成功の証左であつた。大戦中、女装せる露国間諜が伯林市内に於て捕縛されたことは、有名な一挿話であつた。一九一四年八月、東部戦線タンネンベルヒ大会戦に於ける露軍の大敗北は、露国の大佐ミアソエドフの内通せる結果であり、一九一五年二月露軍東プロシア侵入の際に於ける大敗北もまたミアソエドフ内通の為めであつた。その他、ニコライ王妃、露国首相スチユルミルの親独行為、或は仏国に於ける一九一七年秋の内相、前首相、若干両院議員を含む売国事件、或は米国に於ける独逸系米人の各種の活動或はルシタニア号の撃沈、或は過激主義者レーニンの利用等は、間諜戦の激甚を極めた顕著なる例である。

実に大戦中、交戦各国は、互に間諜を放ち、また逆間諜を用ひ、敵味方互に入り交つて猛劇なる間諜戦を行つたのである。その総数は、間諜研究家ローワン氏の計算によれば、英、仏、露等聯合国側約二万、独、墺、土、勃四国同盟側約二万五千合計四万五千余であるといふ。而かもこれ等は、交戦国の直接使用せる『直接間』であつて、これ等の間諜の手によつて動かされ、若くは自発的にこれ等と協力せる『間接間』の数を合算すれば、莫大なる数に上るであらうと考へられる。これ等莫大数の間諜が互に鎬を削つて戦つたのである。その激甚さは想像に余りありといふべきである。

四　間諜戦の拡大と其謀略手段

かく間諜は、単なる諜報蒐集のみに止まらず、或種謀略の直接実行をも行ふのであるが、これ等謀略行為は、国民も当局も戦争に注意を奪はれ、国内警備に努力不足を来せる戦時の場合に於て、最も行はれ易いのである。然らば、間諜の謀略手段には如何なるものがあるか。今これを列挙すれば、大略次の如くである。

(1)軍の行動阻礙手段（例へば兵器、弾薬庫、兵站部の破壊、橋梁鉄道の破壊、運送船の撃沈等）
(2)軍の崩壊手段（例へば戦線脱走及び抗命の使嗾、一般士気阻喪の助長、内敵行為の煽動等）
(3)国家総動員の妨害（例へば交通線の破壊、軍需品及一般製造工場の争議煽動、及その破壊等）
(4)軍需資源並に国民生活必需品の減却（例へば鉱山の爆発、山林の焼却、食糧品及原料品倉庫の破壊、商船の撃沈等）
(5)国民実生活の直接妨害（例へば水運、瓦斯、電気、供給系統の破壊、一般民家への放火、毒物病菌の撒布、交通線の破壊等）
(6)国内動揺及び暴動の助長
(7)要路者暗殺
(8)共産主義者の利用及び革命の煽動支援
(9)流言及宣伝の拡撒

右の中特に説明を要するは、(6)項以下である。

(イ) 国内動揺及び暴動の助長

政治的、経済的、社会的の国内動揺が、野戦戦線にある軍隊の後顧の憂ひたることは、争ふべくもない。その動揺の程度が激甚化すればする程、戦線軍隊の戦闘的精神を減削すること、また疑ふべくもない。されば、間諜は、この国内動揺を激成するに主力を注ぎ来ること、推定に難くない。

けれども国内動揺も、単なる思想的動揺だけに止まつてゐる間は、戦争の結果に対してさまで重大なる影響を持つと期待することは出来ない。国内動揺が現実の具体的事実となつて現はれてこそ、始めて戦争の結果に直接の影響を与へるのである。その国内動揺の現実化具体化の最も典型的なるものは、暴動叛乱である。この時に於ては、軍隊の力をその鎮定の為めに割かざるを得ず、それだけ戦闘力に減却せざるを得ないのである。間諜の謀略手段が、国内動揺の現実化具体化たる暴動の誘発煽動に向ふのは、当然である。

世界大戦中、交戦国の間諜は、頻りに敵国の暴動叛乱を誘発煽動した。独逸側は、英国植民地及び保護領に向つて独立運動独立騒擾を煽動した。英国は、土耳古領内異民族の独立運動を支援した。また英仏等聯合国側は、墺匈国内の民族独立運動を煽揚した。最後に聯合国側は、独逸の社会主義者を支援して、その革命叛乱を誘発するに努め、独逸側は、露国に於ける革命騒擾を煽動した。これ等は、孰れも間諜を用ゐて行つた間諜戦の現はれに外ならなかつたのである。

今大戦中に於ける交戦国の間諜が直接間接に煽動支援せる各地の暴動の例を挙げれば、以下の如くである。

一九一五年二月、新嘉坡印度人聯隊の暴動(独逸間諜の使嗾煽動による)
一九一五年十二月、波斯の叛乱(独逸間諜煽動)
一九一六年四月、愛蘭ダブリンの暴動(同)
一九一七年三月以降、露国革命叛乱(同)
一九一七年五月、仏国軍隊の暴動(同)

一九一八年十月以降、独逸各地の革命運動（露西亜及聯合国側の煽動）

(ロ) 要路者の暗殺

大戦中、間諜の行つた著しき謀略手段に、敵国要路者の暗殺がある。これは、敵国内に衝動を与へ、国内動揺を生ぜしむると共に、国家統制機関乃至軍の統帥機関を破壊し、その統制力統帥力を薄弱にし、従つてその戦闘力を減却し、それによつて自国軍の勝利を結果せんとする目的に出づる手段である。今大戦中に行はれたこの謀略手段たる要路者暗殺の例は、

一九一六年四月、独逸フオンデルゴルツ将軍の土耳古に於ける暗殺

一九一六年十月、墺国首相スチユルクの暗殺

一九一七年十二月、露国軍司令官ドウホーニンの暗殺

一九一八年七月、ヴコヴイナ占領独逸軍司令官アイホルン元帥の暗殺

等であるが、また一九一六年英国キツチエナー元帥の乗船撃沈も、この目的に出づる謀略手段が含まれてゐたと解することが出来る。

(ハ) 共産主義者の利用、革命の煽動支援

国内動揺激化の極点は、革命である。革命の変乱国内に起るに於ては、最早外戦に主力を傾到することは出来ない。間諜の謀略手段は、暴動の煽揚、要路者の暗殺等から、国内動揺の最極点にして内部的崩壊に外ならざる革命の煽動助長に至ることは、当然の過程である。而してこの革命の中、最も対外戦闘力を破壊するものは、共産主義革命である。

共産主義は、原理的に帝国主義戦争を排拒する。而して共産主義国家以外の為す所の対外戦争は、悉くこれを帝国主義戦争と呼ぶのである。かくて共産主義国家以外の戦争を悉く排拒するのみならず、レーニン以後に於ては、『自国敗北主義』の戦術を用ふるに至つたのである。敵国に自国敗北主義の勢力を増大せしむる時は、自ら多大なる犠牲を要する

外戦に力を用ひずして、敵国自らをして敗北に導かしめ得るのである。

この戦術は、世界大戦中露国革命、其他独墺諸国の革命に当つて、極めて的確なる効果を挙げて行はれたのである。一九一七年三月、露国に革命起り、皇帝の退位となつたが、革命派は尚対独継戦を主張し、露独戦線には依然として兵火が交はされてゐた。独逸諜報部は、露国自ら戦線の崩壊を来たさしむべく、当時瑞西に亡命して共産派の機関誌『社会民主《ゾチアール・デモクラット》評論』に頻りに自国敗北主義を主張し、露国内自派に宣伝してゐたレーニン、ジノヴィエフ、ラデツク等二百八十九名のボルシエビキを、一九一七年四月十六日、瑞西国境から、独逸領内へ、窓掛けを締め切つた列車を仕立て、多くの軍資金を積み、護衛兵を附し、引き入れて、更に独露国境に於て、露国領内に放つたのである。

帰国後レーニン等は、一派を率ゐ、ケレンスキー等の継戦主義に反対し、即時媾和を主張し、温和派を攻撃し、進んで戦線に向つて宣伝隊を送り、兵士の即時帰郷を促がし、自国戦線の崩壊に力を注いだのである。為めに兵士の戦線放棄相次ぎ、レーニン等に煽動された労兵会は、ケレンスキー政府を倒し、十一月七日ボルシエビキ革命を成就せしめた。かくてブレストリトウスク媾和となり、独逸は、露国戦線にあつた軍隊を西部戦線に転送することが出来、大隊に於て独逸軍は、ボルシエビキ利用の目的を達したのである。

けれども媾和と同時に、レーニン等は、その鉾先を独逸革命に転じたのである。独逸軍に対し、兵士の西部戦線への転送に反対せしむべく宣伝し、一方独逸国内の共産党一派と策応し、独逸の内部的崩壊、過激革命を煽揚すべく、宣伝これ努めたのである。聯合国軍側に対して、戦線崩壊の宣伝を放つたとは謂へ、レーニン等の煽動の最も効を奏したのは、独逸軍側であつた。独逸は、露西亜に対して用ゐた毒刃によつて、今は自らが苦しまねばならない運命となつた。独逸はレーニン等の共産主義宣伝を利用して、その宣伝を自身に受けねばならなかつた。

キール軍港に起つた海兵の赤色暴動は、全独逸に波及して、露国革命後一年にして、同じ運命を繰返し、独逸革命となり、その内部的崩壊となつたのである。共産主義利用の謀略手段は、敵国を崩壊し、敵国の戦闘力を減殺する効力を有すると共に、一方自国側に相当の悪結果を招来すること必然であり、これを用ふるに於ては、大に戒心せねばならぬのである。

(二) 流言及宣伝の拡撒

流言は、虚構の事実若くは針小棒大的に誇張せる事実を、他人に広く伝達するものであり、宣伝は、或種の信条若くは原理を広く伝達するものである。間諜の任務の重要なる一は、この流言及び宣伝を流布拡撒して、敵国民内に動揺を生ぜしめ、以てその戦闘力を喪失せしむるに努力するのである。敵国内に思想的動揺が起れば、それだけ精神的戦闘力は喪失するのであるが、その動揺形態及び具体的効果は、次の如きものとなり、遂に内部的崩壊を招来するに至るのである。

(一)
1 戦争反対の輿論喚起、非戦運動の勃興
2 軍政部統帥部間及軍部軍政府間の離間
3 国民軍隊間の離間
4 国民政府間の離間(国政紊乱又は政策失敗の吹聴)
5 戦争倦怠感の煽揚、平和論の擡頭
6 異民族への煽動、不平分子、左傾分子の使嗾
7 政治的、社会的軋轢の助長(政争、階級闘争、内乱の助長)

五　間諜防禦対策

(1) 消極策(間諜取締策)

間諜防禦の対策は、開戦時に於て、戒厳令の施行と共に間諜取締法令の発布によつて之を行ふべきであるが、先づ戒厳令(第十四条)は間諜行動取締の

大綱を左の如く規定して居る。

一　集会若くは新聞、雑誌、広告等の時勢に妨害ありと認むるものを停止す。

二　軍需に供する民有の諸物品を調査し又は時機に依りその輸出をなすことを禁止す。

三　銃砲、弾薬、兵器、火器其他危険に渉る諸物件を所要するものある時は之を検査し時機により押収す。

四　郵便、電報を開緘し出入の船舶及諸物品を検査し並に陸海通路を停止す。

五　戦状により止むを得ざる場合に於ては人民の動産、不動産を破壊、燬焼す。

六　合囲地境内に於ては昼夜の別なく人民の家屋、建造物、船舶内に立ち入り検察す。

七　合囲地境内に寄宿するものある時は、更に附帯法規によつて施行すべき間諜取締の方法は、

イ　交通査問

ロ　軍機保護上の処置の徹底

ハ　ラヂオの検閲

ニ　内外人の居住、旅行の制限及禁止

ホ　工場、鉱山の取締徹底

ヘ　伝書鳩飼養の取締

ト　写真撮影の制限及禁止

等がある。

また当局として国民として、平時に於て（一）暗号其他秘密通信の解説発見方法の研究、（二）仮想敵国の慣用諜報方法の研究、（三）大戦中の間諜史の研究等十分に準備し置き、一朝有事の際に於て、機宜を失せず、これ等の準備研究の成果を活用すべきである。

(2)　積極策（逆間諜の組織及活動）

逆間諜組織は、敵国間諜に対抗する組織である。敵国間諜に対する防禦策であると共に攻撃策である。敵国間諜を探知発見し、その情報蒐集を妨害し、彼等の陰謀を看破し挫折せしむる許りでなく、また進んで虚偽の情報を与へ、若くは敵国間諜を逆用し、

以て敵国に莫大なる損害を与ふることをも任務とするものである。

然らばこの逆間諜組織は、如何なるものを以てするか。軍事機関及警察機関、殊に憲兵を以て主体とするが、その補助的機関は、愛国者及愛国団体である。敵国の間諜を働く売国者謀叛人を発見し、これを処置するには、在官者たると、民間者たるとを問はず、常に愛国心の強烈なることを要する。敵国間諜は著しく危険なる手段を似て謀略を実行せんとするものであるが故に、これに対するには如何なる危険をも冒して邁進するの勇気を必要とする。而してこの勇気は、愛国心を有するに非ずんば十分なるを得ないのである。されば、軍事及警察機関と共に、民間愛国団体の協力を得て、逆間諜組織は、その職能を十分に発揮し、効果を挙げることが出来るのである。

欧洲大戦中、露国の陸軍大臣ソホムリノフ〔ママ〕売国的行為を発見暴露し、東部戦線タンネンベルヒ大会戦に於て露軍を大敗せしめた露国陸軍大佐ミアソエドフの罪状を摘発したのは、愛国心に燃えた若い中尉であつた。独逸伯林市内に於て露国間諜を発見したものは、愛国心に燃えた独逸民衆であつた。北米合衆国参戦後、独逸間諜を警戒する民衆の熱心さは、多くの文献に伝へられて居る。平時に於ても、北米合衆国の密入国者発見に就て民間側の愛国心の働きつゝあることは周知である。されば逆間諜は最も愛国心を必要とし、その採用に当つても最も愛国心を有するものに限らなければならないのである。

逆間諜組織の最も大規模にして著名なるものは、労農露国の初期に於けるチエカ今日に於けるゲ・ペ・ウである。仏蘭西に於ては、ドッンエー、旧ロマノフ、露国に於ては、オクラナ等は、特別の名称を有せるものであるが、他の諸国に於ては、独逸の如き精緻なる組織を有せる逆間諜網と雖も特別の名称を有しない。之等の逆間諜機関は、間諜の裏をかき、その謀略を覆へす機能を発揮せざるべからざる関係上、間諜組織以上に秘密組織でなければならない。秘密組織は、命令服従関係が厳格でなければならない性質上、軍隊的組織を必要とする。故に逆間諜機関は軍部の統制下に置かれるか、然らずんば、一国国政の最高部の直轄下に置かる〔ママ〕。ことを必要とする。

而して逆間諜機関の活動範囲は、間諜の活動する範囲に行き亙らねばならぬから、必然的に、自国内、敵国内、第三国内の広汎なる範囲に及ばざるを得ない。これは、世界大戦当時全世界に亙つて間諜対逆間諜戦の行はれたことが十分に実証する所である。

第五章　宣伝戦の態様と其対策

一　宣伝とは何か

（宣伝の意義）　宣伝（プロパガンダ）の語の原義は、十七世紀初葉羅馬旧教の特別伝道を指して呼んだものであり、『或る宗教的信条を人より人へ一所より他所へ広く知らしむること』を意味したのであるが、後代に於ては、或る思想信条の普及鼓吹を意味するに至り、殊に社会主義運動盛んなるに及び、その思想普及の方法を一般的に呼び慣れ、また国際的諸運動起るや、広く共鳴者を得る為めに用ゐられる手段を指して呼ぶに至つたのである。即ち宣伝は『或る種の思想信条（話、報告、理論等の形態に於て）を他人に広く伝達すること』を意味するといふことが出来る。

（宣伝の種類） 宣伝には、政府当局の為め《ママ》公的宣伝と、私人の為す私的宣伝とがあり、公々然為さる、公然宣伝と、秘密に為さるゝ秘密宣伝とがある。また宣伝内容とは反対の効果を起すことを目的とする逆宣伝なるものがある。また平時に為さるゝものを平時宣伝、戦時に為さるゝものを戦時宣伝といひ、対外的なるものを対外宣伝、対内的なるものを対内宣伝といふ。更に宣伝内容から種々の分類を為すことが出来る。例へば、宗教宣伝、思想宣伝、社会主義宣伝、国家主義宣伝等これである。

（宣伝の機関） 宣伝は如何なる機関を通じて行はれるか。今これを類別すれば大体次の如くである。

（一）新聞、（二）通信、（三）雑誌、（四）書籍、小冊子、檄文、（五）演劇、（六）絵画及活動映画、（七）歌謡、（八）蓄音器、（九）無線電信、無線電話、放送、（十）ビラ、ポスター、立札、（十一）信書　郵便物、（十二）講演、演説、口伝等。

（宣伝の要訣） 宣伝の効果を挙ぐるには（一）先づ宣伝内容に説明を与へ、理路を正し、原因結果の関係を明らかにすることである。（二）次ぎには強き刺戟を以て強き印象を与へ、以て第一印象に於て人心を捉ふることが《ママ》ある。（三）時間的にも場所的にも繰り返し度数多く伝達することである。応接に遑なき程告知され、何処に行くも同様の伝達を受くる時、遂に斯く信ぜざるを得ざるに至るは、人間心理の通有性である。（四）更に外廓的間接的の別個の機関を通じ、伝達せんとする内容を裏書きし証拠立てることである。（五）更にまた宣伝の真目的が那辺にあるか、成るべく被宣伝者に秘匿することである。如何なる場合に於ても、或る行為が故意に行はるゝ時、その行為に対する他の共鳴の度は薄くなるからである。

二　戦時宣伝の態様

戦時宣伝には、（一）攻撃的なるものと、防禦的なるものと、（二）対外的なるものと、対内的なるものとがある。また直接戦に併用せらるゝものと、間接戦に併用せらるゝものとがある。

攻撃的宣伝は、敵軍戦線を崩壊せしめ、敵国を内面的に壊滅せしめ、第三国諸国を自国に有利なる地位、従つて敵国に不利なる地位（中立か自国側に参戦か）に立たしむべく誘導するものであり、防禦的宣伝は、敵国の行ふ攻撃的宣伝に自国軍及び自国民が感染陥入せざるやう之に対抗して行ふものと、敵国の第三国諸国に対して行ふ宣伝を打破してその効果を生ぜざらしむる為めに之に対抗して行ふものとである。

対外的宣伝は、敵軍敵国第三国諸国に向つて行ふものであり、対内的宣伝は、自国軍及自国民に向つて行ふものである。而してその目的とする所は、自国軍自国民の士気の旺盛を維持し、戦闘力を強化して、以て敵軍及び敵国を壊敗せしむるにある。

直接戦即ち武力戦に併用せらるゝ宣伝は、直接的に武力戦に関するものと、武力の基礎を為す国力に関するものとがある。直接的に武力戦に関するものは、敵国軍の戦線を混乱崩壊せしめ、以て敵軍の戦闘力を失はしむるものと、自国軍の士気を旺盛ならしめ、以てその戦国力を強化するものとがある。前者に就ては別項に説明するが、茲に説明を要するのは後者である。

自国軍の士気旺盛を維持するには、従来の戦争に於ては、戦後の生活、戦利品獲得、敵地劫掠による所得等の宣伝を以てした例もあるが、人智の発達した今日に於ては、思想上の確信を強める必要が益々多くなつて来て居るのである。この目的の為めには

（イ）自国存立の神聖意義（国体観念及び国際的使命）
（ロ）自国防護の絶対必要
（ハ）敵国の暴慢
（ニ）自国防護の正義戦なる意義
（ホ）敵国勝利の人類への有害結果

を宣伝し、隊員に徹底せしめることが必要である。而して一方自国軍の壊敗を目的とする敵国軍及び敵

国間諜の宣伝を防禦する方法を講ずることが必要である。

武力の基礎をなす国力に関する宣伝には、自国国力維持擁護の為めの宣伝もあるが、殊に重要なるものは、敵国国力破壊の宣伝である。敵国国力破壊の宣伝は、間接戦に属するものもあるが、先づ敵国国民の戦闘力を破壊する宣伝である。それは（一）第三国の離反の宣伝、（二）敵国内に衝動を与ふる宣伝、（三）敵国国内動揺激成の宣伝、（四）敵国軍隊国民間乃至政府首脳部国民間離間の宣伝、（五）左傾社会主義者の利用、（六）戦時利用の革命宣伝と軍隊赤化の宣伝、（七）敵国内異民族離間の宣伝等である。（後述）

間接戦に併用せらるゝ宣伝は、外交戦、経済戦、間諜戦等に併用せらるゝものである。外交戦に併用せらるゝ宣伝は、自国軍の正義戦なる観念を第三国官民に植え付け、第三国の官民をして常に自国側に同情せしめ、敵国に加担せしめず、国際的機関を自国側に立たしめ以て自国を国際的孤立に陥らしめざることを目的とし、新聞、通信、雑誌等の宣伝機関を常に自国側に置くことに努力すべきである。

経済戦に併用せらるゝ宣伝は、敵国の経済攪乱を行ひ、その経済力を破壊し、敵国の経済封鎖を完行し、敵国戦費調達を不可能ならしむる目的を以て、一方自国の経済力を維待し、自国に対する経済封鎖を不可能ならしめ、自国の戦費調達を間滑〔ママ〕ならしめ、更に国家総動員産業統制を完行せしむる目的を以て、攻撃的防禦的両面に於てなさゞるべきである。

間諜戦に於て宣伝の必要なることは、間諜そのものが宣伝手段を以て大部分の職能を果たすべき性質を有するに於て、殆んど贅言を要しない所である。

以下敵軍及び敵国を壊敗せしむる戦時宣伝の顕著なるものに就て、列挙的に説明を試みよう。

三　第三国離反の宣伝

開戦前より戦時を通じて、先づ必要なる謀略は、敵国戦闘力を外部よりの附加によって増大せしめぬことであり、反対に自国戦闘力を外部よりの附加によつて増大せしむることである。これを具体的に言へば、第三国を敵国に参加せしめず、自国に参加せしめるのである。第三国が敵国に参加するか、参加せざる迄も好意と同情とを有するとすれば、それだけ敵国の戦闘力は増大するのである。反対に第三国を自国側に立たしむれば、それだけ自国の戦闘力は増大するのである。この第三国を敵国より乖離し自国側に立たしむる手段は、先づ外交戦によるのであるが、この外交機関の成功を贏ち得んが為めには、宣伝の手段が第一に必要である。茲に第三国離反の宣伝の存在理由があるのである。

対第三国宣伝には、一特定第三国に対するものと、全般第三国に対するものとあるが、前者の例を世界大戦中の史実に求むれば、独逸との同盟国伊太利を独逸側に立たしめず、聯合国側に立たしめる為めに用ゐられた宣伝と、米国を聯合国側に立たしめる為めに用ゐられた宣伝とである。伊太利が永く墺匈国内伊太利民族居住地域の獲得併合を熱望してゐたことを熟知していた聯合国側は、世界大戦が民族主義の為めの戦争であるとの宣伝を公的私的に放送して、大戦の結果は民族国家の樹立を保障し、伊太利の熱望を容れることを理論的にも保障するとの信念を伊太利官民に与へ、遂に伊太利を聯合国側に立たしめたのである。デモクラシーの最先進国であると自信自認せる米国に対しては、世界大戦が民主政治擁護の為めの神聖戦争であるとの宣伝を放ち、米国官民の意を迎へ、遂に米国をして民主政治擁護を標榜して参戦せしめたのである。

全般第三国に対する宣伝は、独逸に対する同情を失はしむる内容を以てしたのである。開戦の当初から、独逸は、侵略主義であり、専制主義であり、軍国主義であり、世界大戦を惹き起した張本人であり、独逸軍の為す所は無辜の良民を殺戮し、貴重なる文化建設物を破壊し、永世中立国を侵犯し国際法に違反し、占領地域内に於ては鬼畜にも等しき暴虐惨忍なる行動を為す等の宣伝を放つて、聯合国側は、凡ゆる宣伝機関を動員して世界各国をして独逸を以て人類の公敵であるかの観念を抱かしむべくこれ努めたのである。

今日から之を見れば、独逸のみが侵略主義国であり、軍団主義国であり、戦争起発の責任者であり、非人道行為者であり、国際法違反者であつたか解するに苦しむのであるが、戦時の昂奮心理状態に於ては、かく信ぜしめられ、世界各国にして独逸側に立つたものは、土耳古と勃牙利とだけに止まつて、聯合国側の宣伝は、最大の成功を収めたのであつた。この宣伝は、直接戦闘力に関するものがあるが、敵国民の戦意士気を沮喪せしめ、自国民の戦意士気を旺盛ならしむる国民の戦争支援力に関するものなるが故に、将来の戦争に於て、周到の計画を以て実施せらるゝものと見なければならない。殊に交通通信の発達せる今日、第三国を通じての謀略は頻繁に用ゐらるべく、この第三国を有効に利用せんが為めには、第三国そのものに対して十分宣伝して自国側に好意を有する態度に置かなければならない。

人智の発達著しき将来に於て、虚〔ママ〕構誇大の事実を以て敵国を讒誣する方法は、或は奏効力を減ずるのであらうが、満洲事変に関する国際聯盟審議に当つて、故意なる虚構誇大の支那及び英米側の宣伝効を奏し、我が日本の脱退の止むなきに至つた例を以てすれば、尚未だこの方法も相当効力を有すると見るべきである。けれども正道的宣伝は、自国の正義防衛戦なる理由の徹底を目的とするものでなければならない。その方法を如何にするか、我が国は、この点を十分に研究して置かなければならぬのである。

四　戦線混乱崩壊の宣伝

宣伝戦中、最も直接的に敵軍の戦闘力を破壊する効果を有するものは、戦線混乱崩壊の宣伝である。それは、敵軍将兵の戦闘意志を喪失せしめ、敵軍の軍規を破壊し、敵軍内に内訌を牛ぜしめ、以て敵軍の戦線を混乱に陥れ、崩壊せしむる宣伝である。世界大戦中、英仏聯合国側も、独墺同盟国側も、互に此種の宣伝を敵軍戦線に向つて放つたのである。今聯合国側の独逸軍に対して放つた宣伝に就て、独逸情報局の公表したものを摘記すれば以下の如くである。

一　聯合国は、革命煽動的の言辞を記載せる印刷物を飛行機に依り直接戦線又は国内に撒布し、或は中立国を経由して密送し来つた。之等の印刷物の中には

（イ）戦争継続の不可なること

（ロ）捕虜として投降せば聯合国に於て優遇すべきこと

（ハ）独逸国体乃至皇室に対する罵詈讒謗的言辞あること

（ニ）革命の進行が国民に利益あること

等を記述して居る。

二　中立国より輸入する各種の食糧品の包紙又は戦地軍人に対する餞別品の包紙又は慰問袋の中等に自屈的媾和慫慂乃至革命煽動の宣伝文が記入若くは封入されて居る。

三　各種軍需品工場に於ける職工労働者に秘密印刷物を伝播せしめ、或は労働者若くは兵卒等の家族寡婦等に対し革命宣伝文を郵送して居る。

四　停車場、料理店、酒場等多数労働者兵卒の群集する所に媾和及び革命宣伝のビラを撒布する。

一方独逸側の放つた宣伝に就ては、タイムス戦史が記述して居る。その二三の例を挙ぐれば、専制的権力の顛覆されんとして居る時、露国民は、英国民の奴隷となつて居る、自由を欲せば、戦争継続に反対すべきでないかといふ意味のビラ、また独逸砲兵隊の優秀を説き露国のそれの微弱なることを述べたビラを露軍戦線に撒布し、一九一七年十月伊太利ツーリン暴動を利用し、これを誇大的に報道した新聞紙を伊太利軍戦線に飛行機を以て撒布し、争つて戦線から帰郷せしめ以て戦線を全く崩壊せしめ、死傷俘虜合して五十万を算するといふ大敗を招かしめた如きである。

尚又一九一八年十一月、休戦当時、キール軍港に碇泊して居た独逸艦隊に対し、聯合国側艦隊は、『英仏艦隊乗組の兵員等は既に赤旗を掲げた』といふ流

言を送り、革命熱に浮かされてゐた独逸海兵等は、軍規を破壊して赤旗を掲げたが、彼等は、英仏側にも革命の気運濃厚となり、英仏海兵等の側にも必ずや革命騒ぎあるべきを予期して居たのである。然るに赤旗檣頭に翻へらず、聯合国側の士官等、臨検の為めに乗艦し来り、何の苦もなく、英仏側に収容される運命となつたのである。

更にまた独逸側の利用を露国ボルシエビキ派の宣伝は、独逸側と策応して、露軍戦線に対し、『革命の為めに土地がどうなるかわからぬ、早く帰郷して土地を護れ』『革命戦が起つて居る、早く帰つて参加せよ』など、記載したビラを撒布し、戦線を捨て、帰郷すべく促がしたので、戦線忽ち崩壊し、また一部に於ては『兵士間には何の敵対すべき理由はない』と宣伝し、所謂戦線塹壕内の交驩なるものが行はれ、軍規破壊、戦線崩壊到る処に起り、ケレンスキー政府如何に継戦を主張するも事態は之を許さず、遂にその政府の崩壊となるに至つたことも、大戦中顕著なる出来事であつた。

以上の如く、戦線混乱崩壊の宣伝は、一発の銃弾を要さず、刃に血塗らずして、敵軍の戦闘力を破壊する効果を有するものであり、将来の戦争に於ても、必ず用ゐらるべき重要なる戦闘手段であると見なければならない。

五　国内に衝動を与へる宣伝

宣伝戦中、前項に述べた戦線崩壊の宣伝も重要なるものであるが、最も主力を注ぐべきは、敵国国民の戦闘意志を破壊し、以て敵国の戦闘力を破壊する為めの宣伝である。この宣伝は然らば具体的に如何なる内容を有すべきであるか。敵国の国内を攪乱し、敵国をして内面的崩壊に陥らしむることによつて、敵国国民の戦闘意志を破壊喪失せしめ、以てその精神的戦闘力を破壊するが如き宣伝、これである。

敵国に対し国内攪乱を行ひ国内動揺を激化せんが為めには、先づ敵国国民に刺戟を与へ衝動を起さなければならない。戦時に於ける国民の注意は、戦争の結果に集中し、その戦報は、国民悉くの鶴首して待つ所であり、その勝敗は、国民一喜一憂の感情の源泉を為すものである。されば、敵国国民に刺戟を与へ衝動を起さしむる宣伝として取るべき第一策は、敵国戦局不利の報道を敵国内に頻繁に誇大的に送ることである。戦敗の報は、国民を極度の落胆に導き、次で政府及び軍部に対して囂々たる批難、怨嗟の声を発せしめないでは已まないのである。愛国者は昂奮して政府及び軍部を攻撃すべく、社会主義者は機得たりとして戦争反対運動を起すべく、自由主義平和主義の徒は、非戦勝媾和を叫ぶべく、国民の大部分は、これ等に指導されて政府攻撃の態度に出づること、歴史上数多き事例である。即ち国内分裂、従つて国内動揺激化して、戦闘力は破壊剥削されざるを得ないのである。

第二は、第三国が相手国側に参加せる報道を敏速に力強く伝へることである。伊太利其他の中立国が相次いで参戦し、最後に米国が聯合国側に立つて参戦した報道が、如何に独逸国民を落胆せしめたかの事情は、世界大戦史の教示する所である。

第三は、天災的人為的突発事件の報道を伝へることである。地震、海嘯、暴風等（天災的）火事、暴動、騒乱等（人為的）突発の報道は、平時に於ても人心に衝動を与へるものであるが、戦時人心の異常なる緊張ある際に於ては、殊に一層の衝動を起さゞるを得ないのである。内外の宣伝者流が、この変事を利用し、誇大的の報道を以て敵国内の攪乱を計らんとするは、定石的戦術である。就中強き衝動を与へるのは、人為的事変である。露西亜革命、独逸革命に於て、宣伝によつて変乱の拡大したことは歴史の示す所であり、ツーリン暴動の報は、伊太利軍の士気を阻喪せしめたのみでなく、国民の心理に不安と落胆とを生ぜしめ、精神的戦闘力を失はしめたのである。

其他、外交上の失敗、国際的孤立、経済的孤立の報道、軍部乃至政府首脳者に関する売国的若くは破廉恥的犯罪、大官死亡の報道等も、宣伝戦に利用せられるのである。

これ等の報道は、戦時に於て、交戦各国は成るべく自国民に伝へざらしめんとして努力するとは謂へ（例へばジユツトランド海戦について聯合国側、同盟国側互に自国側の勝利と称し、独逸に於ては学生、児童等に戦勝休日を与へた、又アメリカ参戦の報は、独逸政府によく永く秘せられて居たのである）第三国方面を通じて伝へられるのである。されば、第三国報道機関利用は宣伝戦に於て大に講究せられなければならぬのである。

六　国内動揺激成の宣伝

（平時の国内動揺）　国内動揺は、平時に於て相当広汎なる範囲に亙つて存在してゐるが、これを大別すれば

（一）政治的動揺（党争、政変、政治的内訌、政治革命等）
（二）経済的動揺（物価暴落及暴騰、恐慌、凶作、飢饉等）
（三）社会的動揺（階級闘争、同盟罷業、農民騒動、其他社会運動激化等）
（四）思想的動揺（学生運動、学校騒動、共産主義運動、左翼右翼抗争、暴動等）
（五）宗教的動揺（宗派間紛争、反宗教運動、宗教革命等）
（六）民族的動揺（民族的反感、差別撤廃運動、独立運動等）

等である。之等の国内動揺を激成せんとする策謀は、勿論平時に於てもあり得るが、戦時に於て、此種の国内動揺が敵国にあるとすれば、その最も著しきものを煽揚し且つ激化するのである。

政治的動揺に於ては、政府国民間の分離を策し政府反対派及び革命派を煽揚するのが有利であり、経済的動揺に於ては、恐慌を生ずべき流言を放ち、また労働争議、農民争議を悪性化せしめるのが有利であり、思想的動揺に於ては、革命思想を煽揚し過激手段による革命にまで誘導するのが通例であり、宗教的動揺に於ては、固有宗教に対し外来宗教の抗争

を激化せしむるのが定例であり、民族的動揺に於ては、民族的分裂から異民族の独立叛乱を馴致することが、戦時動揺激化戦術の常である。

（戦時精神動揺の特殊形態） 戦時に於ける国内動揺激化の策謀は、如上の如く、平時的国内動揺を、殊に強大なる力を以て激化することも必要であるが、戦時に於ける特殊精神動揺を利用して、敵国内の攪乱を行ふことも、より緊要なる策謀である。国民が統一された思想信念を失ひ、思想的に相抗争する状態を呈し、之に不安恐怖の感情が加はるとすれば、国民精神は混迷惑乱して一種の周章狼狽の状態となるのである。この時は、国内動揺激化進んで内面的崩壊の為め宣伝に対して、直ちに反応を強く生じ得る時である。即ち相手国の宣伝の最も乗ずべき時である。然らば、斯くの如き戦時精神動揺の特殊形態は、如何なるものであるか。

（イ）戦争の惨害に対する恐怖から起る動揺

世界大戦中の事例を取れば、一九一四年八月以来の独軍白耳義侵入当時の白耳義国民の恐怖状態、一九一四年八月から九月にかけての仏軍退却から起つた仏国民の動揺、倫敦が空襲を受けた際の倫敦市民の狼狽振り、独逸潜水艦の襲撃の報を得た欧洲各国及び米国民の恐怖状態、これ等は孰れも戦争の惨害に対する恐怖から生じた動揺の著しきものである。我が国に於ても日露戦争中、浦塩艦隊東京近海に現はるとの報は、東京市民を驚愕せしめ、また同艦隊が函館沖に現はれた際は、函館市民の狼狽は極度に達し言語に絶したのであつた。

斯る状態は、国民の戦意士気を阻喪せしめ、戦争遂行上有害なる結果を招来するのみならず、非戦主義者に機会を与へ、また敵間諜及び社会革命主義者を乗ぜしむるのである。けれども、この状態も対策宜しきを得れば克服出来るのである。我国に於ても元寇の来襲に当つて一時は著しく驚愕したが、漸次民心統一せられ、挙国一致遂に国難を突破し得たのであつた。一九〇〇年南阿戦争に於て南阿軍の英軍に対する、世界大戦後土耳古軍の英希聯合軍に対する、阿富汗軍の英軍に対する、モロッコのアヴ・デル・クリム軍の西仏聯合軍に対する、少数を以て多数と奮戦せる事実は、最近戦史中の悲壮なる物語として伝へられて居る。これ等は、国民の驚愕狼狽状態を克服して始めて得られた結果に外ならないのである。この克服策は、平時に於て国民に剛毅の精神を涵養し、勇武の訓練を与へ、以て一朝有事の際も、進んで国難に赴くの態度を持し得るやう準備し置くべきである。

(ロ)国民生活の脅威に依る動揺

戦争勃発するや、国内産業の多くは、軍需品生産に振り向けられ、生産に当る青壮年男子は悉く戦場に送られ、一般国民の生活必需品の生産力が抑減されることは、避くべからざる事実である。一方に於て戦場に於ける生活必需品の消費は相当多額に上らざるを得ず、為めに国内に於ける生活必需品の欠乏は、益々甚しくならざるを得ないのである。生活必需品の欠乏は、生活に対する絶対的脅威である。この脅威から国民精神動揺し、国民の不平不満の声起り、国内動揺激化するに至るのである。戦争永続すればする程、この傾向は甚しくなるのである。

世界大戦中、国民食糧の不足を最も感じた国は、露独仏三国であつた。露国は開戦後一年にして食糧分配の統制を失ひ、政府に対する国民怨嗟の声が高まつたが、一九一七年九月に至つて食糧の不足極端に達し、一方過激派の煽動これに乗ずるあり、九月二日から三十日迄の間食糧暴動は、全国各都市に及んだのである。独逸は、戦争により食糧生産不足となつた上に、一九一五年大麦及燕麦の不作、一九一六年馬鈴薯の大不作、一九一七年家畜飼料の不作あり、一九一五年末より国民一般に対する食糧配給額を減じ、戦線軍隊の食糧定量を減ずるの止むなきに至つた。独逸国民の戦争に臨むの態度は堅忍持久凡ゆる惨苦も辞せずといふ底のものあつたが為めに、食糧暴動は起らなかつたが、一度社会主義革命の烽火挙がるや、急速に革命運動を奏するに至つた。これは、食糧不足から栄養不良に陥って居た国民の不平不満が内に潜んでゐたからであると見なければならない。仏国もまた露独両国同様食糧不足に苦しんだ。一九一五年は殆んど無収穫であり、外国農産物の輸入を以てしてもこの欠乏を補ふことは困難であつた。為めに戦地より後送された負傷軍人を農耕方面に動員し、鋭意食糧生産に当つたが、尚食糧の不足甚しく、国民に対して食糧配給統制を行はざるを得なかつた。

斯る食糧不足の生活脅威による動揺は、原因甚だ深刻なるが故に、革命の変乱を生じ易く内面的崩壊を結果する虞れがあり、この防止策は、十分周到に施行しなければならぬのである。

（八）　流言、蜚語による動揺

流言、蜚語は、単に外敵間諜、内敵たる不逞売国の徒のみが、之を放つのでなく、何等異図を有せざる国民も、無意識に之を放つことがある。戦時に於ては、国民の精神昂奮し居り、神経過敏となり、一種の変態心理状態にあるが故に、微小なる事件と雖も、誇大棒大的に報道され、又訛伝、誤伝される傾向がある。為めに人心を極度の不安に陥れ、敵国間諜、不逞売国の徒類に対し、国家内面爆破の謀略を逞うせしむる好機を与ふること、なるのである。されば、これが対策は、開戦と同時に戒厳を施行すると共に、これが取締については、特別の措置策を講ずべきである。

（二）　戦争の局部的失敗による動揺

戦線に於ける勝敗の報は、国民の鶴首して聞かんとする所であり、国民は、戦線内各局部の形勢良否により、一喜一憂して止まないのである。勝報には狂喜すること勿論なるも、敗報には、意気銷沈し、野戦軍部に対する非難攻撃の声を起し、国民軍隊間の乖離状態となり、遂には戦争大局の結果、進んでは国家の運命にも重大影響を齎らすの虞れがあるのである。日露戦争当時に例をとれば、我が軍の万宝山の敗戦、初瀬、吉野、宮古、八島等の沈没、上村艦隊の不遇、旅順攻城戦停滞等が、国民に失望感を与へ軍指揮官に対する非難の声となつたが如き是れである。世界大戦中、タンネンベルヒ大会戦は、露国民の志気を著しく沮喪せしめ、マルヌの退却は仏国民の失望落胆を甚しからしめ、ベルダン攻囲の失敗は、独逸国民の軍部に対する非難の声を捲き起した。これ等の戦争の局部的失敗による動揺は、戦争遂行上の障礙をなし、延いて大局の敗北となり、国家禍乱の原因となるが故に、政府としては、戦時輿論の統制指導、戦報の統制、等国民宣伝策を周到に施行しなければならぬのである。

（ホ）戦争永続による思想の変化動揺

　戦争の初期に於ては、孰れの国民も、その国民思想が国家防護の為めには緊張し統一し、一意戦勝と正義の確立とに向いて邁進するの傾向を示すのであるが、戦争永続するに従つて、緊張何時しか弛緩し来り、大局の結果に就て自信と希望とを失ひ、遂には戦争に対する嫌忌心を生じ、屈辱をも厭はず平和を願ふに至るを保し難いのである。国家禍乱の源は、先づ国民思想の分裂に起る。戦時に於て、最も怖るべきは、この国民思想の分裂抗争である。殊に平和主義と継戦主義との抗争起るに卒つては、大局の結果は、既に定まれりと断ぜねばならない。何となれば、挙国一致破れて、国民の一部乃至一半は、既に戦争支持の態度を捨て、国民としての戦闘力がそれだけ失はれるからである。即ち此時に於て敗戦の可能性が倍増し来るのである。

　更に一方に於て戦争永続によつて、物資不足から国民生活の窮迫は、益々甚しくなり、栄養不良状態に陥れる国民は、戦死者の家族の悲嘆、戦病傷者の苦痛を見て、自暴自棄的となり、敗戦をも国家の崩壊をも辞せずとの極端なる思想感情を懐くに至るやも測り難いのである。この状態は、敵国及敵国間諜の策謀、左傾売国主義者の陰謀を進むるに極めて好都合なるものであり、彼等の策動により国家を内面崩壊に導く怖るべき状態であると謂はなければならない。

　茲に戦時に於ける思想対策、精神総動員計画の樹立及実行の必要を力説せざるべからざる所以があるのである。

七　軍隊国民間乃至政府首脳部国民間離反の宣伝

これは、国内動揺中政治的動揺激化の宣伝中に包含せらるべきものであるが、戦時に於て交戦国が、常用する宣伝であり、また効果著しきものあるが故に茲に特説するのである。世界大戦中、聯合国側は、独逸国民に対し、直接乃至間接の方法を以て、『聯合国は独逸国民大衆と戦ふのではない、独逸の支配階級及び独逸皇帝の専制主義と戦ふのであると頻りに宣伝し、また独逸が民主政治となるならば、媾和条件に於ても大に緩和すべく、聯合国は民主政治確立のために戦ふものなるが故に、独逸に於ける民主政治確立の為めに大に援助するであらう』と宣伝し、独逸国民の民主政治の為めの革命を煽動したのである。これは、要するに、軍隊国民間、政府首脳部国民間を離間し抗争せしむる為めの宣伝に外ならない。軍隊を支持する国民を軍隊から引き離し、戦争遂行の指導部たる政府首脳部から国民を引き離し、この二者を抗争せしめ、政体変革の抗争内乱を惹起せしむるに於ては、軍隊も、政府も、戦争を遂行することを得ず、従つて敗戦の結果を見なければならぬのである。宣伝放出国側は、敵国を内部的に分裂せしめ、自ら手を下さずして、敵国自ら内発的に敗北に急ぐ結果となり、野戦戦費を要することなく勝利の結果を収得することが出来るのである。この場合宣伝受容国は、敵国宣伝への協力者を最も危険視し警戒せざるを得ないのである。譬へ政治的理想を掲げ来るとも、戦時に於て、斯る政治運動はこれを厳禁せねばならない。この政治的理想を掲げて敵国宣伝に協力するものは、内敵として処断せねばならぬのである。

（立憲主義鼓吹による統帥権破壊策謀）　軍部対国民離間策謀の最も有効にして具体的なるものは、議会政治家の統帥権干犯乃至干渉に依つて戦闘力を減殺する方法である。民主政治（デモクラシー）宣伝は、専制主義と見らる丶相手国に民主政治革命を惹起せしむることを目的とするのみならず、議会中心主義を高調し、議会政治家の統帥権への干渉乃至介入を鼓吹する目的を併有するものと認めなければならない。世界大戦中、仏、英、独、伊諸国に於て、議会政治家が、野戦統帥部に容喙干渉し、為めに戦局の不利を招来せることは、各国の均しく嘗めた苦き経験であつた。

仏蘭西に於ては、下院議員が陸軍大臣たる内閣制の為めに、常に政府と野戦統帥部と軋轢し、終始独逸軍から圧迫され、野戦に於て敗衄の憂目を見たのである。一九一四年八月以来一五年に亙つて議員等は間断なく軍機関に出入し業務の進捗を妨害し、戦争遂行上に一大煩累となり、殊に一九一七年春文官陸相パンルヴエは、攻勢中止と総司令官の交迭を企て、ニベール総司令官の拒絶に会ふや、閣員司令官等の軍事会議を頻りに開き、一方議員等の反軍的気勢を煽り、事毎に指揮の神聖を冒涜し、軍紀を紊り、攻撃気勢を挫くの不祥事を繰り返し、遂に同年五月、仏蘭西議会政治家の作戦干渉の結果、聯合国軍の統一的作戦に破綻を生ぜしめ、英軍は孤立作戦の悲境に陥り、英首相ロイド・ジヨーヂの巴里出馬となつた。英首相の堂々たる忠言によつて、聯合国軍の統一作戦を復活せしめたが、仏軍は聯合国軍の指導的地位を英軍に譲るの屈辱を甘受せざるを得ざるに至つた。其後仏軍は、依然たる議会政治家の統帥権干渉の為めに、戦局の形勢振はず、独軍の撃破に逢ひ、一九一八年五月末巴里将に危ふからんとする形勢となつた。この危地から仏軍を救つたものは、首相クレマンソーの大英断による統帥権不可侵制の確立であつた。

英国も仏国同様、統帥権を内閣に置くの制度であるが、開戦当初政党員ならざるキツチエナー元帥を陸相とした。それは統帥部の独立を維持するに相当の効果があつたが、その下に政党者流があつて国防方針を決定し、実際作戦に干渉し、最高統帥部の不統一を生じ、徒らに戦機を失し西部戦線に於て全く見るべき効果を挙げ得なかつたのである。殊に海相は政党員たるチヤーチルであり、土耳古が独逸側に立ち参戦するや、政略上から、一挙にしてダーダネルス海峡を其手に収めんとして、軍令部長フイッシヤー提督の反対を斥け、海軍単独攻撃の暴挙に出で、一箇月間の難戦に大艦三隻と二千の生霊を犠牲として得たる結果は峡〔ママ〕に砲台の破壊のみであつた。陸軍に於てもダ海峡方面に英仏聯合軍十三師団を派遣したが、見るべき結果を得ず撤退するの醜状に終つた。其後陸相キッチエナー元帥は、種々統帥部確立により戦局有利化を企てたが、英国内閣制に累せられて果たさず、一九一六年十二月、ロイド・ヂヨーヂ内閣の成立により、独裁制を確立し統帥権独立制が樹立され、戦局の改善が贏ち得られたのであつた。

　伊太利のカポレット会戦に於て世界戦史稀に見る大敗戦を演じた有力なる一因は、伊国政府がデモクラシーを讃美し統帥部を尊重せざるに依るといふべきであり、独逸は、統帥部の独立に於て他諸国に比し幾分の長所を有したが、政府と統帥部との軋轢、殊に首相の統帥部への干渉に累せられ、戦時国内政策を誤まり、野戦に於て勝利を得つゝあつたに拘らず、終局の敗戦を招来するに至つたのである。

　要するに、聯合国軍は、自ら宣伝せる民主政治の為めにヂレンマに陥り、議会政治家の統帥部への干渉に累せられて、戦線に於ける優勢を贏ち得ず、大戦の戦期を徒らに遷延せしめたといふべきである。議会主義の統帥部干渉は、国内政治的であり、内部的原因に出づるが如くであるが、外部よりのデモクラシー宣伝は、この傾向を大に助長するものであり、独逸が政府と統帥部との意見衝突の儘に不利なる戦敗者的媾和を甘受せざるを得ざるに至つたのは、この外来宣伝から累せられた結果と見るべく、将来の戦争に於て、我が国は、この点につき十分留意せねばならぬのである。

八　異民族離反の宣伝

　これも前項と同様、国内動揺中民族的動揺激化の宣伝に属するものであるが、戦時に於て重要なる宣伝であり、効果著しきものなるが故に特出して説明を要する。

戦時に於て、属領異民族本国間の離間を目的とする宣伝策謀は、殆んど常套的である。属領異民族を本国から分離せしめ、その叛乱及び独立運動を起さしめ、その戦争支持力を滅却するのみならず、叛乱鎮圧の為めに兵力を割かざるを得ざらしむるならば、それだけ敵国の戦闘力を失はしむるのである。属領異民族は国民意識稀薄なるか皆無かであり、本国政府の政策如何に拘らず、常に不平不満の所有者である。戦時に於ては、生活物質の欠乏、負担の加重等により、この不平は著しく昇進し、機会あらば爆発せんとする傾向を持つのである。されば各国共に開戦となれば、直ちに敵国植民地攪乱の宣伝策謀に著手する。而してこの宣伝策謀は、他の如何なる策謀よりも、効を奏することが大である。大戦中、墺匈国内のチエコ・スロヴアキア人其他の異民族は、独立運動其他の本国との分離運動を起し、露国内の波蘭人其他の異民族も独立運動を起し、米国内の独逸系米人は、大戦中米国の参戦を妨害し其他種々の援独運動を行つた。独逸は、また大英帝国内の異民族に対して、独立叛乱を起すべく宣伝し策動した。大戦中新嘉坡に於ては、印度人軍隊が叛乱を起した。之等は、戦時に於ける異民族の活動の著しき例であるが、我が日本も、我が属領内に、鮮、台、満其他の異民族を包容して居る関係上、欧米列強以上に戦時異民族対策を講究し置くべきである。根本的には敵国宣伝に響応せざるが如き指導誘掖政策を平時に講じ置くと共に、敵国の宣伝を防禦し打破すべき方策を準備し置かねばならない。平時戦時に於ける、対新附民政策の大綱を略記すれば（一）内地、属領、海外在住新附民の各指導誘掖策、（二）朝鮮台湾の戦時治安雄待策である。

九　左傾社会主義者の利用と革命宣伝

敵国国内動揺を激化して、暴動内乱を惹起せしめ、遂に敵国をして内部的崩壊に陥らしめ、敵国の戦闘力を内部から破壊喪失せしめて敗滅せしむる最後の力となるものは、敵国内に於ける左傾社会主義者である。彼等は必ずしも外部から宣伝せずとも、内部から自ら宣伝して自発的に自国を内部的崩壊に導き、自国の戦闘力を破壊するのである。外部よりの宣伝だけでは労多くして効少いのであるが、相手国内部に外来宣伝への響応者協力者がある場合、十分に奏効するのである。斯る協力者は、政治的、宗教的、民族的同類意義乃至崇拝心を有するものに求むべきであるが、就中左傾社会主義者である。彼等は、思想精神の根本に於て、その自国に対し叛逆者であり内敵である。されば戦時に於て孰れの国も敵国内の彼等を利用せんと努むるのである。然らば彼等は、如何なる理由根拠に因つて、敵国に協力しこれを利する結果を齎らすか。

1　左傾社会主義は『労働者には祖国なし』の確信者であり、無祖国主義者、従つて非愛国者である。

2　彼等は、レーニン首相の『自国敗滅主義』の忠実なる信奉者である。

3　彼等は、『戦争を内乱に転化せよ』の主張者であり、実行者である。

4　彼等は、非合法行動、殊に暴動内乱戦術による革命運動者である。

5　彼等は、革命の絶好機を『戦時』として居る。

6　彼等は、敵軍（艦隊、飛行機、野戦隊）の攻撃を歓迎し、これと呼応して国内を混乱に陥れ一挙に政権奪取即ち革命を成就せよとの根本指令を受けて居る。

7　彼等は、植民地民族独立叛乱の常習的煽動者である。

8　彼等は、戦争反対、反軍主義、平和主義の常住的宣伝者であり、煽動者である。

その孰れを見ても、彼等が戦時に於て自国を破壊し敵国を利する行動に出づる非国民的素質を有するものなることが明らかである。彼等は外部の支援協力なくとも、自ら進んで敵国の為めを図らんとするのである。敵国及び敵国間諜が、彼等に支援を与ふるならば、更に有効にその力を発揮すること明白である。

　世界大戦中の宣伝戦に於て、最後的結果を齎らすに就て最も実効を奏したのは、彼等の宣伝策動であつた。左傾社会主義者は、露西亜国内の宣伝に効を奏し、これを革命して彼等の政権を樹立した。露西亜革命は、全世界の社会主義者を煽揚し、各国の革命運動を促進せしめた。独逸革命、墺太利革命、匈牙利革命が相次いで起つた。露西亜革命は、独逸への内応によつて東部戦線を破壊解消せしめ、独逸革命は、遂に大戦媾和を招来した。世界大戦は、野戦の勝敗によつて決せず、社会主義者の宣伝によつて終熄を見たのであつた。

　彼等は、戦線混乱崩壊の宣伝により野戦戦闘力を破壊するのみならず、暴動内乱戦術により国内動揺を激化し内憂により外患に力を注ぐを得ざらしめ、即ち国家そのものゝ戦闘力を破壊するのである。かくて彼等は、敵軍及敵国に対し勝利を獲得せしめるのであるが、然らば、彼等の革命戦術は如何、而して一時的一部的であるとは謂へ、彼等の革命が成功する原因は何処にあるか。

　彼等は、国民の最大多数者たる労働者農民の味方として、これを煽動し共鳴せしめんとするである。目標を最大多数者に置くが故に、その反対を受けず、獲得し得る彼等の党与は、譬へその一部たりとも相当の多数に上るのである。この多数を以て彼等は大衆行動に出るのである。先づ労働争議、農民争議を大規模化し行き、以て大衆行動化し暴動に導き、次いでこれを全国に波及拡大せして《〔ママ〕》内乱にまで発展せしめんとするのである。この過程に於て、殊に内乱に於て、彼等にとつて最も怖るべきは、軍隊による鎮圧である。彼等は、表面反軍宣伝等を行ふも、彼等の真目的は、軍隊を彼等の掌中に握ることである。軍隊を反対側に立たしむれば、彼等の策謀は一挙に葬り去られなければならない。されば彼等は、軍隊を我が手に収めんとするのである。これが出来れば、軍隊によつて革命を鎮圧させる代りに、却つて積極的に革命反対の勢力を撃滅して、革命を確実に成功せしむることが出来るのである。然らば如何なる方法によつて、軍隊を獲得せんとするか。

彼等社会主義革命派は、社会各層内に細胞組織を作り、各細胞間は、彼等独特の専制的秘密連絡組織（細胞員は上下の縦の連絡のみ許され、横の連絡なく、唯だ首長のみが横に連絡し、漸次上級機関を構成する）によつて堅く結ばれ、細胞組織が社会各方面に普及するに至つて、機会を覗つて一斉に起ち、内乱革命を起し、政権奪取となるのであるが、この細胞組織は、軍隊内にも普及せしむるのである。露西亜革命に当つて、クロンスタツト、セパストポールの軍港に於ける軍隊の叛乱が起り、独逸革命に於てキール軍港に海兵の叛乱が起り、一九一七年五月仏蘭西軍隊内に叛乱が起つたのも、悉くこの軍隊内に於ける細胞が主動力となつたのである。

軍隊内細胞の首長等は、軍隊内に委員会を作り、労働者農民方面の細胞の首長等の組織する委員会と連絡して、労兵委員会を組織し、その頭目は、共産党の巨頭であり、かくて社会全般に亙つての共産主義革命が成功するのである。而してこの革命成功の最後の鍵を握るものは、共産党細胞によつて支配された軍隊である。軍隊の起つことによつて革命が始めて成功するのである。

されば、我が国に於ても、将来の戦争に際して、最も注意警戒すべきは、左傾社会主義殊に共産主義の一味である。敵国と通謀する本質を有する彼等によつて、世界無比の素質を有する我が軍隊の攪乱さるゝが如きことあらば、我が国の運命は、怖るべきものとならねばならぬのである。戦時国内対策の大部分は、左傾社会主義派を目標とし、その取締策予防策に費やさるべきである。彼等は、先づ国内不平分子を煽動し獲得するのであるが、不平分子は、不平の極自棄的となり、自棄的とならざる迄も不平分子は強き実行力を有することを常とする。この実行力ある分子と、軍隊とが協同する時、最早他の力を以て如何とも為し難き事態を馴致するのである。されば、不平分子を少からしむる為めの予防策を十分に講じて、左傾社会主義派に走ることを防遏しなければならないのである。

尚この左傾社会主義派を積極的に敵国破壊の為

めに利用することは、著しき危険を伴ふことを注意せねばならない。独逸は、露西亜過激派を利用して、一時は成功を収めたが、後に至つて却つて露国革命派の宣伝を受け、自国自らその術中に陥つて革命せらるゝに至つた教訓は、この宣伝戦術を用ふるものの予め熟知し置かねばならぬ所である。毒を以て毒を制せんとするもの、却つてその毒害を受くる危険は、出来得べくんば避くるに如かずである。我が日本に於ては、寧ろこの権道的戦術を用ゐんよりは、国内に彼等の内敵売国行動を不可能ならしむるの防衛策を、十分に確立し置くべきである。権道は常に危険であり、正道は一時は不利あることも安全なる勝利の道であるとの見地こそ、皇道日本として採るべき見地でなければならない。

十　宣伝戦対策綱要

宣伝戦に於て、敵国の宣伝及び敵国の宣伝に進んで通応せんとする国内左傾分子の宣伝策動に対して、如何なる宣伝を以て対抗すべきか、一方如何にして防衛し、如何にして自国民の宣伝の禍害を受けしめざるか、思想戦の重大性益々加はらんとする将来の戦争に於ては、十分周到に対策を計画し確立し置かねばならぬのである。今この対策の要項を摘記すれば以下の如くである。

(一) 対抗宣伝策

イ　宣伝機関の動員統制

ロ　戦時情報局の設立

ハ　第三国への正義戦たる理由の宣伝

ニ　既述諸宣伝の放出

(二) 敵国宣伝取締策（消極対症策）

(1) 宣伝機関及技術に関するもの

イ　印刷物（出版物）新聞其他言論機関の検閲、制限及取締法の制定

ロ　演劇、映画、放送、レコード等の検閲、取締

ハ　印刷物輸出入の制限、取締、検閲

ニ　信書、電信等の検閲

ホ　秘密暗号電報の解読及押収
ヘ　輸出入商品の検査
(2)　宣伝の人的要素に関するもの
イ　戒厳の施行による間諜の取締
ロ　左傾主義者を国家主義に誘導する方策
ハ　不穏分子左傾主義者の国外放逐法及監禁法の制定
ニ　不穏分子左傾主義者の監視組織の拡大設定
ホ　左傾分子の戦場送致
ヘ　国家主義輿論の喚起作興
ト　警察的取締
集会結社制限及取締の徹底、団体運動の制限及禁止、言論の取締、住居の監視、調査捜査の機敏周到なる実行、戎器兇器及危険物の携帯所待の取締、検束留置の権限拡大

(三)　敵国宣伝不感染策（積極根本策）

イ　国家観念国家理想の確立及徹底
ロ　正義防衛戦なる観念の徹底
ハ　国家機関規律の厳正化
ニ　統帥権の確立
ホ　国内生産助長策
生産資源の収得、培養、分配の統制、生産奨励法の制定等
ヘ　国民給養政策
食糧切符制度、食糧の法定的制限、物価騰貴予防策としての暴利取締法制定及不当利益没収の励行
ト　物資使用の国家的統制
被服住居の標準一定、新築の不許可、物資運搬の統制、濫費制裁法の制定等
チ　戦時工場法の制定
工場動員、工場統制、雇傭統制、労銀の均等化等
リ　戦時労働取締法の制定
労働者資格、婦人雇傭及勤務の制限、同盟罷業取締法若くは禁止法
ヌ　国家総動員勤務法の制定

ル　戦時税法の制定

第六章　結　論

＝思想戦の準備、対策、要訣及対将来戦の根本態度

イ　思想戦対策論究の必要

最後に、我が日本国家及国民は、将来の戦争に於ける思想戦に対し、如何なる準備と、如何なる対策を持たねばならぬかの点に就て一言せざるを得ない。従来説き来れる所は、戦時に於ける思想戦を主としたものであつた。けれども思想戦は、戦時にのみ行はれるものでもなければ、戦時にのみ重要性がある訳ではない。寧ろ平時に於て激烈に戦はれ、重要性が存するのである。思想戦は、平時に於て準備され、且つ戦はれねばならぬが故に、平時的戦術と共にその準備とが、重要なる研究題目であらねばならない。

ロ　思想戦準備としての国民思想確立及統一

思想戦を遂行するには、その武器として或種の確立せる思想を必要とする。米国には米国一流のデモクラシーがあり、労農露国には共産主義思想がある。内に確立せる思想なき者は、武器を有せずして戦ふに異らず、敗北を必至の運命とせざるを得ない。

然らば、我が日本として、何を確立せる思想とすべきか。それは、言ふまでもなく、我が建国の精神であり、皇道の精神である。建国の精神は、皇国の理想であり、この理想は、神武天皇建国の勅語に『上は即ち乾霊《あまつかみ》国を授くるの徳に答へ、下は即ち皇孫《すめみま》正を養ふの心を弘む。然る後六合を兼ねて都を開き、八紘を掩ふて宇と拝す』と宣はされて居る。その意義は、大義を四海に布くことであり、道義的世界帝国を建設することである。この建国精神に遵つて我が民族的使命の志向する所は、世界の平和であり、世界の福祉であり、世界の経綸である。明治開

国以来、我が日本は、日清、日露、日独の三戦役を経来つたが、その都度宣戦の御詔勅に『東洋平和の確保』の為めである旨を宣はせられたのは、如上健国の大精神に合致するものと奉解せねばならぬのである。『東洋平和の確保』は、明治以来の我が国策の一貫せる根本中心であり、そは実に『近きより遠きに及ぼす』一般倫理行動の原則に遵ひ、世界的使命遂行の第一階梯を、日本を繞る第一環境たる『東洋』の地に置いたものに外ならないのである。

八　自衛的軍備、自衛的戦争の意義に徹せよ

我が日本が将来何国かと戦端を開くに当つても、必ずこの国策を離るゝことはあり得ないのである。而して我が国の軍備は、この『東洋平和』の為めに準備されて居るのであつて、而して当然に『自衛的』軍備である。戦争を行ふとするも、我が日本は、この根本国策に従ふ限り、『自衛的』の範囲を出ることはあり得ない。何となれば、東洋平和の破壊せらるゝ時、我が日本国家の存立が脅やかされるからである。

我が日本国家の存立が脅さるれば、『大義を四海に布く』我が民族的使命も脅やかされなければならぬ。国家を防衛することは、この使命を、而してこの『大義』を防衛することに外ならない。然らば、我が日本国家防衛の為めに戦はれる戦争は、同時に『大義』防衛の戦争でなければならない。茲に於て、我が日本の将来戦ふべき戦争は、自衛戦であると同時に義戦でなければならない。

更に世界の現勢を見れば、第一章に述べた如く、白人世界制覇の為めに、有色人の生存権は侵害され、国際的生存権は剥奪されて居るのである。それは、世界の現状が、不義の状態に置かれて居ることを意味する。大義を四海に布かんとするあらば、先づこの不義の状態を是正せねばならず、不義を正義に引き戻さなければならない。併し、我が日本は、この国際生存権の為めに戦ふ場合なりとするも、それは世界有色人の為めに戦ふのでない。有色人としてその国際的生存権を剥奪され侵害されてゐるが故に、

自らの生存権防護の為めに戦ふのであつて、飽く迄消極的自衛的の範囲を出でないのである。この場合に於て、我が日本にとつては、正義戦であり、防衛戦である。

ニ　欧米模倣よりの脱却と自主思想の恢興

思想戦に臨むに当つて、我が日本国民は、先づ建国の精神、皇国の理想を堅持確信して、而して我が軍備の自衛的のものであり、将来行ふべき戦争が、常に正義防衛戦なる観念に確信を置くべきである。而して国民一般にこの確信を持たしめ、挙国一致精神総動員を以てこれに当らねばならぬ。この国民思想統一策は、官民合同全力を挙げるならば、その効を奏すること、今次満洲事変の際に見るが如くである。この統一策に先づ必要とするものは、売国亡国的言論の取締討滅其他の消極策である。

我が日本に於ける売国亡国的不逞言論の大部分は、自由主義、基督教思想、社会主義、共産主義に至る各思想系統に亙つて、欧米輸入のそれであり、欧米崇拝の産物である。我が日本は、欧米に対して国家的独立を維持し来つたが、思想的には欧米植民地属領の観を呈して居る。思想信念の国民的統一を策せんには、先づこの欧米隷従追従的態度から脱却せなければならぬのである。大学教授から一般教育者が、欧米隷従追従に終始して居ることは、思想信念の確立及統一に就て著大なる障害を為して居る。外交官の欧米追従態度のみを責めても、これを培養育成し来つた教育系統のそれを討滅せざる限り、国民思想の奴隷性と危険性とは除去され得ない。

ホ　欧米思想欠陥の暴露駁撃

国内に於ける拝欧思想の欠陥を暴露すること勿論必要であるが、進んで欧米思想そのもの、欠陥を暴露することが必要である。満洲事変に当つて、我が日本が飽く迄自衛的態度に終始したに拘らず、欧米の言論は、悉く挙げて我が国を侵略なりと誣いたのである。かくて国際聯盟との衝突となり脱退となつたが、欧米識者を集めた国際聯盟は、正しき認識に立つことを得ず、彼等の野望たる支那国際管理の前提たる満洲国際管理を主張し、我が日本を満洲より追はんとしたのである。これは、欧米先進国の世界覇権擁護の為めに成立し存在してゐた国際聯盟の正体を暴露したものに外ならなかつた。英米其他白人諸強国従つて夫等の傀儡機関たる国際聯盟が如何に横邪なる野望を蔵しつゝあつたかは、この事件によつて我が知識階級に了解せられたが、学者の学説が過誤に充ちたるものなることは了解せられず、教育界識者界に於ては、尚多大なる信奉者群を有するのである。

　要するに、欧米思想、欧米学説は、欧米の特殊的、地理歴史的事情から発生したのである。その発生発達した過程を十分研究すべきであるが、それを為さずして、直ちに無上の権威の如く崇拝して、その思想乃至学説に跪く為めに、売国的亡国的言論を現出するのである。

へ　欧米所産国際原則の不純性

　試みに見よ、原則と言へば普遍妥当性を有して時処を問はず通用する筈である。然るに従来国学〔ママ〕原則として国際法学説中に取入られ、その実行を世界に求められ来つた海洋自由の原則、門戸解放機会均等の原則は、世界全般に確立せらるべき正義の原則にあらずして、前者は、英国が自らの海上覇権を確保せんが為めに、他国の海上権を確保せんとするを牽制せんとして唱出せるものであり、後者は、米国が自らはモンロー主義によつて米大陸の門戸不解放機会不均等を固守しつゝ、支那其他新市場たるべき地点に自己勢力の拡張を行はんとして唱出したものに外なかつた〔ママ〕のである。更に世界戦後に於ては、国際平和主義が至上の世界理想として唱出されたに拘らず、反面に於てそれは白人諸強国の世界覇権維持の為めの手段にすぎなかつたのである。これ等は、孰れも唱出国の利害から打算されて唱出されたもの、即ち思想戦の武器として、表面的に何人も反対出来ない原則を掲げ、その蔭に隠れて自己の野望満足を遂げんとするものであつたのである。これを無上の原理なるが如くに奉戴したのが、我が国の学者達であつた。これ程奴隷的で無研究で、学者的良心を抛棄した態度はないと謂ふべきである。思想戦敢行の準備として思想信念を確立するに当つて、欧米崇拝盲信態度から脱却して、自主的独立態度に立つことを最先の緊要事と断ぜざるを得ない。然らずんば、他国の利益を計つて、自国の不利を計り、思想戦に於て敗北しなければならない。

ト　思想戦戦術要訣

思想戦の要訣は、他国より放出し来る戦術的思想を看破し暴露し而して撃滅することである。暴露攻撃の戦術は、刺戟強く印銘深からしめる効果を有する。欧米より来る思想宣伝には、基督教が然るが如し、或る手段に供せられ、或る野望を潜蔵するものが多い。その潜蔵せられたる野望を暴露し、而してその効果を打破し、無効果ならしむるのである。而して我が方の正義の主張を掲げ、万代不磨中外遍通の原則を宣揚するのである。然る時、詭弁ならざる限り、之に敵することは出来ない。詭弁ならば、その詭弁を暴露し打破するのである。国際聯盟の従来掲げ来つた原則の本質を暴露し、その詭弁を爆撃した如くに。

防禦戦にも、最も有効なる戦術は、攻撃的防禦であると謂はれて居る。自らの弁明にのみ終始することは、敵に一歩を譲ることである。進んで敵の思想戦術を攻撃し暴露し打破するのである。思想戦に於て攻撃したからとて、挑戦的、好戦的、侵略的であると謂ふことは出来ない。而かもこれを為さゞれば、自らが撃破され敗北しなければならないのである。自衛的攻撃であり、正義自衛戦たることに異りはないのである。

チ　凡ては回天の大偉業完成の手段

内に抱く理想にして天日の如く高く明らかなるものがあるならば、自国防衛戦として戦つたものと雖も世界的に神聖意義を顕揚することは、日露戦争の例によつて明白である。日露戦争は、露西亜の満鮮占領から我が国家の独立を脅やかし来つたに対して、我が国家独立維持の基礎要件たる東洋平和を破壊し去らんとするに対して、自国防衛の為めに奮起して戦はれたものであつたが、その結果は、四百年来白人世界征略最後の筋書たる極東征略の野望を粉砕し、白人世界制覇の完了を不可能ならしめたのみでなく、世界有色人の総覚醒総蹶起を促がし有色人を人類線上に擡頭せしめ、以て世界史大転回の偉業を樹てたのである。この意味に於て日露戦争は、全人類主義確立、人類解放の神聖戦争であつたと謂はねばならない。『大義を四海に布く』なる我が建国精神は、この戦争によつて具体的に示顕されたのである。

然るに、世界の現状は、第一章に述べた如く、尚白人の専横によつて多くの是正を要するものを残存して居る。有色人差別排斥の如きは、その著しきものである。然らば尚幾回かの神聖戦争を必要として居ると見なければならない。日本今日の国際的地位は、未曾有の難境にある。それは天が大任を果たしめんと下せる試錬と見るべきである。吾人の専念すべきは、思想戦の末枝でない。日露戦争が教育せる世界的大使命、否建国の神勅に宣はせられた民族的大使命を果たすべき回天の大偉業を、如何に敢行すべきかの一点である。思想戦は、その前哨戦、一枝隊戦にすぎない。されど前哨戦、一枝隊戦と雖も、これに敗北すれば大局に関し、大使命も空無に帰せねばならない。此の意味に於て、吾人は、思想戦の戦術を講究し置かねばならぬのである。

あとがき

冒頭で述べたように、本書は、近代日本思想史における、筆者の研究構想の第一段階として、綾川武治に関する史料・資料を整理し、これまで未詳な点があまりにも多かった彼の行実を、年代ごとに跡付けたものである。今後は、より一層の精密さを期し、綾川についての文献調査を継続するとともに、三井甲之《みついこうし》、鹿子木員信《かのこぎかずのぶ》、安岡正篤《やすおかまさひろ》、中谷武世《なかたにたけよ》等々、綾川同様、独自の言説体系を持つ日本主義・国家主義のエリート層の思想と行動を順次解明し、相互に比較検証を試みる所存である。

本書が成るに当たって、まずは、在りし日の筆者に学問に打ち込むことの厳しさと素晴らしさを身を以て教えて下さった、故福永光司先生（元東京大学教授）の墓前に香をたむけ、出版のご報告と御礼を申し上げることとしたい。

綾川家ご親族の方には、武治の人となりについて、貴重なお話をたくさん聞かせて頂いた。

ご厚意を謝するとともに、同家の今後益々の弥栄を、心より祈念申し上げる次第である。

他にも、埼玉県立文書館には貴重な収蔵資料の写真掲載を許可して頂き、日本政治経済史学研究所・政治経済史学会には論文の転載利用を許可して頂き、また、橋爪章保健医療経営大学学長をはじめ、多くの先学・知友からも、一方ならぬご高配をたまわった。謹んで感謝の意を表したい。

二〇一四年一〇月一日

木下　宏一

本書は、筆者の既発表論文「エリート国家主義者の肖像（Ⅰ）――綾川武治と中谷武世――」（『政治経済史学』第五二〇号、二〇一〇年二月）および「思想戦の源流――一九二〇年代の綾川武治と反・国際協調主義――」（『政治経済史学』第五六四号、二〇一三年一二月）の二編を、大幅に増補改訂したものである。

（著者紹介）

木下宏一（きのした・こういち）

1974（昭和49）年、埼玉県上尾市に生まれる。

現在、保健医療経営大学講師（非常勤）。九州大学大学院地球社会統合科学府博士後期課程在籍中。近代日本思想史・文学史専攻。

近代日本の国家主義エリート——綾川武治の思想と行動

2014年11月20日　初版第1刷印刷
2014年11月30日　初版第1刷発行

著　者　木下　宏一
発行者　森下　紀夫
発行所　論　創　社

東京都千代田区神田神保町2-23　北井ビル
tel. 03(3264)5254　fax. 03(3264)5232
http://www.ronso.co.jp/
振替口座 00160-1-155266

印刷・製本　中央精版印刷

ISBN978-4-8460-1363-9　C0021　